中公新書 2431

楠木 新著

定年後

50歳からの生き方、終わり方

中央公論新社刊

プロローグ　人生は後半戦が勝負

経済的な余裕だけでは足りない

以前、知人の神沢君（仮名）から久しぶりに電話があった。会って相談したいことがあるという。サービス業の会社に勤める神沢君は60歳。高校を卒業してから40年余り同じ会社で働いてきた。

彼は60歳以降も同社で働くつもりだったが、定年退職の数か月前に会社から提示された条件を聞いて驚いた。週3日の勤務で、労働時間は週に20時間だというのだ。

特に衝撃を受けたのは、社会保険が付与されないとの説明だった。定年後の雇用延長で給与が下がることは覚悟していたが、社会保険が付かない嘱託扱いになることまでは想定していなかった。

厚生労働省のホームページにあるQ＆Aを読むと、雇用延長の際には嘱託やパートなどに雇用形態を変更することも可能とある。神沢君には同情を禁じ得なかったが、例外なく65歳までの勤務場所を提供しなければならない会社の立場も考慮して、こういった運用になっているのであろう。

両親と同居している神沢君は、経済的にもたないと思い、上司に対して60歳以降は働かないつもりだと話したという。

神沢君の両親も妻の親も阪神・淡路大震災で被災したので、両方の親を引き取って、就職前の子どもと一緒に暮らしている。7人の3世代同居だ。おのおのの親には2階の2部屋に住んでもらっているという。

それぞれの親の年金と彼の収入でやりくりしてきたが、60歳以降の労働条件を聞いてショックを受けたというわけだ。彼の会社では60歳以降に雇用延長する社員を2つに分けて、上位層には給与は下げてもそれなりの対応をするが、そうでない社員は社会保険が付与されない嘱託扱いになる。神沢君は上のクラスに入れると考えていた。

また具体的な仕事内容は、店舗の応援要員で仕事の繁閑や社員の休暇に応じて働く場所が変わる。その日の状況によって3店舗のうちのどこかの店になるのだそうだ。労働条件も働く場所や仕事の内容も、想定とは大きなギャップがあったという。

私は彼に、雇用延長の話は断らない方がいい、不満があっても慣れた仕事なので楽にこなせる、それは最低限の仕事として確保しておいて新たな働き場所を探した方がいいのではないか、とアドバイスした。パートの仕事を2つ並行させる手もある。ハローワークでもアルバイト的な仕事の方が見つけやすいとの話があったからだ。その後、神沢君から雇用延長には手を挙げることにしたとの電話があった。

妻にこの話をしたら、「お父さんより立派だね」という反応が返ってきた。全くその通りで、震災をきっかけに生活が激変した人が身近にもいるので、神沢君にも本当に頑張ってほしいと思うのだ。

「両方の親と一緒に暮らしているといろいろありますよ」と苦笑いしながら煙草《たばこ》をくゆらせていた彼の柔和な横顔を眺めていると、まとまった退職金や年金を受け取って余裕のある定年退職者が、何をしていいのか分からずに戸惑っている姿が思い浮かんだ。神沢君には還暦を過ぎても大黒柱として責任を背負う大変さはあるだろうが、別の観点から見れば盤石の居場所があるとも感じた。これから話をしていくが、定年退職者の中には働かなくてすむ余裕があるから困っている人もいるのだ。

もちろん時間的な余裕やお金は大事ではあるが、自分の心安らぐ居場所があるかどうかもそれに劣らず大切なのだろう。

ライフプラン研修通りにはいかない

社員が50代になると、定年後に向けて社内でライフプラン研修を実施する会社が少なくない。労働組合がセミナーを主催していることもある。

それらの内容は、概《おおむ》ね決まっていて次の4点である。

①受け取る年金額をきちんと計算して老後の資産を管理すること
②今後長く暮らすことになる配偶者と良好な関係を築くこと
③これから老年期に入るので自分の体調面、健康にも十分留意すること
④退職後は自由な時間が生まれるので趣味を持たないといけない

私も定年退職の数か月前に、ある機関が主催する「定年後をいかに過ごすか」のセミナーを受講したが、ほぼ同様の内容だった。

もちろんこれらの指摘された一つ一つの項目が重要であることは間違いない。しかしこれらをバランスよく実現したとしてもイキイキした第二の人生は送れないというのが実感だ。

36年間の勤めを終えて定年退職した立場から言うと、定年までの間にみんないろいろ異なるものを背負ってきている。役職などの立場の違いや、会社生活で蓄積した仕事能力も各人各様だ。また仕事を終えたという満足感を持っている人もいれば、不完全燃焼のまま定年を

迎える人もいる。当然ながら家族との関係も人によって異なり、バブル期に自宅を購入して住宅ローンの返済が残っている人もいれば、終《つい》の棲家《すみか》をどこにするかで悩んでいる人もいる。

定年退職は大きな転換点であるが、個人個人にとっては今までの仕事や生活との延長線上からしか考えられない。「趣味を持て」といっても昨日までは会社勤めだった社員がいきなり趣味三昧《ざんまい》とはいかない。誰にも適用できる一般論の対応策はそれほど役立たないというのが実際のところではないか。

多くの会社の就業規則上の定年は60歳である。それ以降の人生を趣味で過ごすとか、配偶者と一緒に温泉旅行に興じるにはまだまだ若くて元気な人が多い。体力、気力、経験もあって、引退するには全然早すぎるのだ。

また、長い間組織で働いてきた人は、毎日朝早く起きて通勤電車に揺られ、決まった時間に出社し、夜遅くまで仕事をこなして家路についてきた。そういう人の中で、退職してからすぐ悠々自適に過ごせる人は少数だろう。毎日毎日何かをこなすのが習慣になっていたからである。

このため冒頭に挙げた4点はいずれも重要な項目であることは間違いないが、定年時点から心機一転、新たにスタートというわけにはいかない。対象者はこれから社会人になる新入社員ではなく、40年近く組織で働いてきた人間なのである。

4点の中でも、資産を管理することや定年後の投資運用のことをことさら強調する定年退職者は多い。定年後を扱った書籍でも同様である。

その一つの理由は、年齢、性別、家族構成、自らの関心や向き不向きに関係なく、誰にでも当てはまるからであろう。また数字に表して計算できるので具体的に考えることができる。しかし定年後の生活の中では常にお金を意識しているわけではない。むしろ心持ちというか、気分が大事だと私は思っている。

「定年後」の予行演習

私が「定年後」について関心を持ってから15年になる。実は47歳の時に会社生活に行き詰って体調を崩して長期に休職した。

その時に、家でどう過ごしてよいのかが分からなかった。外出はできる状態だったのだが、行ける場所は、書店か図書館、あとはスーパー銭湯などの温浴施設くらいだった。

仕事の息抜きで見るテレビ番組は楽しむことができたが、いざ多くの時間ができると面白いと思える番組はなかった。特に日中はどこの局も同じようなニュースや話題を取り上げていた。それでもテレビの前から離れず、リモコンのチャンネルを変えることが癖になっていた。

また住宅地で中年男が平日の昼間からぶらぶらしていると、いぶかるように私を見る視線を感じたこともあった。土曜、日曜になると、会社を休んでいる負い目も和らぐのか、気分が少し楽になることも実感した。

その頃は会社を辞めることも頭に浮かび、ハローワークにも行ってみた。失業率も高い不況期だったので、エレベーターホールの前にも人があふれていた。

1時間ほど待って担当の職員に案内されてパソコンの画面の前に座った。年齢と職種と収入による条件で求人を検索してみたが、50歳前後では魅力あるものは多くなかった。一定以上の収入が望めるのは、歩合《ぶあい》制と思われる営業の仕事が多かった。

ハローワークのほかにも、喫茶店の開業を支援する講座や、不動産投資のセミナー、コンビニの店長になるための説明会に何回か参加もした。しかし何ら特技もない自分は、再就職も独立も簡単でないことを思い知らされた。

私は休職した時に、自分がいかに会社にぶら下がっていたかを痛感した。同時に、個性や主体性の発揮は他人がいて初めて成立するものであって、独りぼっちになれば何もできないことを学んだ。

長時間かけて社員全員が朝の9時なり10時なりにオフィスに集まるということ自体、すごいシステムなのだとよく分かったのである。当時は40代後半だったので、まだまだ定年後までは考えが及んでいなかった。しかしこのままでは退職後は大変なことになるだろうという予感は十分すぎるくらいあった。

そのため当時、イキイキとした定年退職者への取材を数多く手掛けていた加藤仁《かとうひとし》さんの著作をむさぼるように読んだことを覚えている。今でも私の読書ノートには加藤氏の『定年後を生きる』『定年百景』『定年前後の「実人生」発掘』『50歳からの人生を楽しむ法』などから抜粋した退職者の様子を書いたメモが残っている。「日本語教師は私にはどうか」「私設図書館は面白い」「土日だけの鍼灸師《しんきゅうし》もいる」といった内容だ。

会社に復帰した後も、私は自分の50歳からの生き方のヒントを求めて、まず定年で退職した先輩に話を聞き始めた。しかし数人に会って感じたのは、彼らが思ったよりも元気がなかったことだ。

名刺には、〇〇コンサルタントや自治会の役員などいろいろな役職が書かれていたが、昔のバリバリやっていた姿から見ると背中がやけに淋《さび》しい人が多かった。

ある先輩は声をひそめて「楠木君よ、実はこのまま年をとって死んでいくと思うとたまらない気持ちになることがあるんだ」とまで語ってくれた。会社員時代の役職や評価は、その人の定年後の状況とは関係ないことが分かった。

これらの体験があって、会社の仕事だけではなく何かをやらなければならないという気持ちが生まれた。そして右往左往、試行錯誤の結果、50歳から執筆活動に取り組むことになった。会社員とフリーランスの二足のわらじを履き、定年退職後も著述関係の仕事に携わっているという意味では大変満足している。休職が思いがけず定年後の予行演習になったというのが実感だ。

未来とも過去とも切れている

定年退職後は企業から研修を頼まれることが多くなった。私に対する依頼は、50歳前後の社員に対して、これからの期間をどのようにイキイキと仕事をして、同時に定年後の準備もしていくかといった内容が多い。20人程度の少人数のワークを中心とする研修や、大勢の社員の前で1時間半や2時間程度講演をすることもある。

実際に担当して感じるのは、50歳前後では、定年後のことを明確に意識している人は極めて少ないことだ。グループワークでの議論を聞いていても、20人中1人か2人である。自分の会社の定年が60歳の誕生日なのか、60歳を迎えた年度末なのかも知らない社員がいたことにも驚いた。

読者の中には、現在の仕事に注力しているので先のことまで考えが及ばないという人も少なくないだろう。もちろんそれが間違っているというわけではない。しかしそれでは定年後に困ることにもなりかねない。休職時の私のように、やることも行くところもなくなる恐れがある。

研修では50歳以降の仕事生活を見直すのに、小さい頃に好きだったことや、こだわっていたことを再び取り込むように勧めている。子どもの頃の自分と今の自分がつながると、それが一つの物語になるからだ。この物語を持っている人は新たな働き方を見出しやすい。

しかし自らのキャリアの棚卸し作業をやってもらうと、子どもの頃のスペースもあるのに、大半は入社した時からしか振り返らない。せいぜい大学時代からである。

誰もが子どもの頃を経て今に至っている。それなのに多くの人がそのことを忘れている。日本のビジネスパーソンは、未来にも過去にもつながらず、現在だけを生きているのが特徴だ。しかし間違いなく定年後はやってくる。

終わりよければすべてよし

50代になると、自分はもうロートルだと思い込んでいる会社員も少なくない。しかし後述するように、60歳からの人生における自由時間は8万時間もある。これは20歳から働いて60歳まで40年間勤めた総実労働時間よりも多いのである。定年後の持ち時間は決して少なくない。

また多くの会社員や定年退職者の話を聞いていて感じるのは、「終わりよければすべてよし」ということだ。

若い時に華々しく活躍する人も多い。それはそれで素晴らしい。ただ悲しいことに、人は若い時の喜びをいつまでも貯金しておくことはできない。大会社の役員であっても、会社を辞めれば〝ただの人〟である。

一方で、若い時には注目されず、中高年になっても不遇な会社人生を送った人でも、定年後が輝けば過去の人生の色彩は一変する。

そういう意味では、「人生は後半戦が勝負」なのである。もちろん他人との比較の意味での勝負ではなくて、せっかく生まれてきた自らの人生を活《い》かすかどうかの勝負である。

本書が充実した定年後を検討する際のお役に立てればこれ以上の喜びはない。

目次

第3章　亭主元気で留守がいい

第4章　「黄金の15年」を輝かせるために…………97

第5章　社会とどうつながるか……125

文中に登場する人物の年齢・所属・肩書き等は執筆当時のものです。

定年後

第1章　全員が合格点

「定年は当たり前の制度ではない」

多くの会社員は、定年を当然の制度として受け止めている。就業規則にも明記されていて、会社も運用によって例外を認めることはほとんどない。厚生労働省のホームページによると、定年制を定めている企業の割合は95・4％で、一律に定年制を定めている1000人以上の企業では、「60歳」とする企業が90・4％、「65歳以上」が6・7％である。全体としてはほぼ一律60歳になっている。

よく考えると定年は奇妙な制度だと言えなくもない。まだまだ働きたいと思っている社員も、60歳になれば強制的に会社から離れなければならない。しかし人材活用という点からは、60歳は引退するには若すぎる。かつ働く意欲も能力もある人を一律に辞めさせることは合理的ではない。今後の高齢化社会を見据えれば、社会経済的にも損失があると言ってもよいだろう。定年後を検討する前に、まずこの定年について理解しておく必要がある。

労働経済学の専門家で、慶應義塾大学の塾長も務めている清家《せいけ》篤《あつし》氏は、著書『定年破壊』の中で、定年を境に社員の過去の実績や栄光が消え去るのはおかしいとの課題意識のもとで、いくつかの観点から定年について議論を展開している。

清家氏によると、定年は、歴史的・伝統的にしっかりと確立されたものではなく、現代社会においてどこにでも一般的に見られる制度でもないという。自営業として働く人たちにはもちろん定年はなく、米国においても「雇用における年齢差別禁止法」によって、年齢を理由とした雇用差別は禁じられていると指摘して、「定年は当たり前の制度ではない」と主張している。

そのうえで、「個人の自律的人生設計のために、定年はなくすべきだ。活力のある高齢社会を迎えるための日本社会全体のあり方からいっても、定年はないほうがいいのである」と述べている。私も清家氏の主張に基本的には賛成である。

それでは、当たり前ではない定年制度が、個々の社員の意欲にも合致せず、人材活用という面からも合理的ではなく、かつ社会経済的にも課題があるにもかかわらず、当然の前提であるかのように運用されているのはなぜだろうか。

雇用保障の側面がある

一般に、定年を必要とする理由は企業内の年功的な賃金体系に求めている。清家氏の『定年破壊』においても、労働経済学の立場から、定年制度の理論的な存在理由を示したラジアーの理論が紹介されている（エドワード・P・ラジアーは、人事経済学を打ち立てた米国の経済学者）。

定年と賃金の関係を示した図１は、この理論のエッセンスを表したものである。

企業は、社員が若い時には、貢献度よりも低い賃金を払い、その差異の部分を中高年になったE点以降に付加して支払っている。このように社員の賃金ラインが企業への貢献度を左下から右上に横切る形になっている場合には、どこまでも貢献度以上の賃金を払い続けることはできないので、どこかのタイミングで定年が必要だという理屈である。

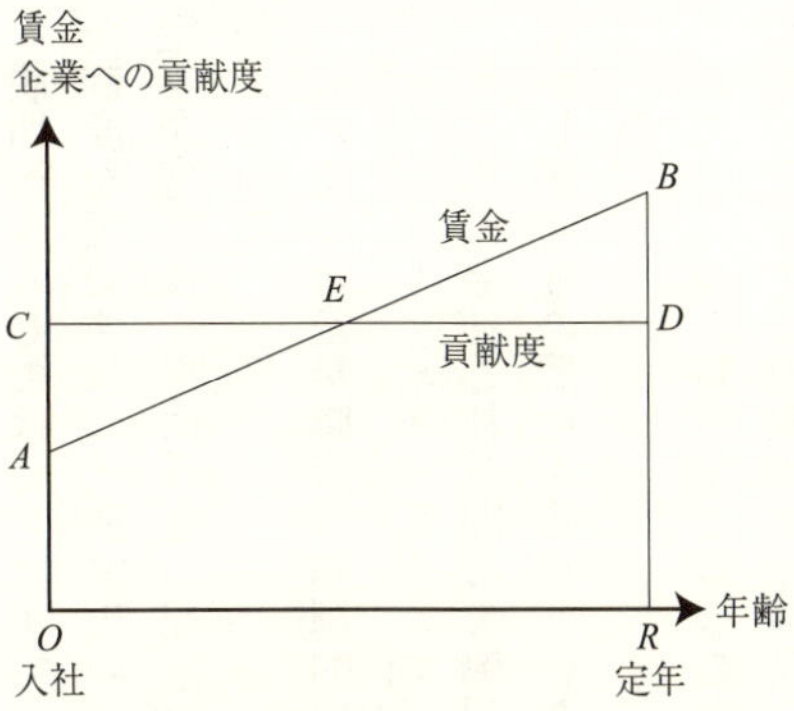

図１　定年と年功賃金　出典はLazear, E.P., “Why is there Mandatory Retirement?” (Journal of Political Economy, 1979)

説明概念としてはシンプルで分かりやすい。これなら貢献度と賃金が乖離《かいり》しないような賃金制度を工夫すれば、清家氏の言うように定年制度を廃止、撤廃することは可能だ。しかし定年制度には、単に賃金の配分の問題だけではなく、会社に対する社員の既得権的なものが絡んでいる。

これまでは定年時点で強制的に会社を離れなければならない側面を見てきたが、実はこれだけではない。つまり定年になるまでは解雇されないという雇用保障の側面があるのだ。もちろん会社と社員間の労働契約も私的自治の原則によって、互いに解約する自由はある。しかし解雇権の濫用を防ぐという判例の積み重ねによって、雇用保障が現実には既得権化している。

図で言えば、貢献度と賃金の差異をなくせば、定年制度を廃止することは可能になっても、同時に定年までの雇用保障が揺らぎかねない。だから軽々と労働組合や社員の側からも定年廃止を叫びにくいのである。

また労働経済学が対象とするお金の問題には入ってこないだろうが、社員が勤めている会社を大切な居場所にしている側面もある。この点については、第2章以降に述べる。

クイズで締めた退職の挨拶

プロローグでも述べたように、私は50歳手前から定年退職後の生活について関心を持っていた。そのため定年退職日の最後の挨拶《あいさつ》で先輩が何を話すかについて興味を持って耳を傾けてきた。途中で感極まる人もいれば、淡々と話す人、なかには会社生活でのわが身の不遇を示すためか、ワンフレーズの挨拶だけで切り上げて、さっさとオフィスから立ち去る人もいた。

大半の人は自らの会社生活を振り返り、周囲の仕事仲間に感謝の気持ちを伝えて、今後のことを少し話して締めくくる人が多かった。多少話は長くなりがちだった。

そうこうしているうちに私自身が定年を迎えることになった。

退職の当日は、朝早く出勤して雑務を片付け、午前中にお世話になった取引先に挨拶に出かけた。戻って同僚と在職中の最後の昼食をとり、机の周りの片付けや私物の整理をしていると、あっという間に終業の時刻になった。夕礼で司会の課長補佐から最後の挨拶を求められた。すでに送別会で何回か挨拶をしていたので、同じ内容の話を繰り返すのもどうかと数日前から思っていた。

「クイズをやります」と言って、景品の紅茶セットと4冊の自著を差し出した。本を書いていることを私から課員全員にオープンにしたのはこれが初めてだった。

ホワイトボードに「2.9862」という数値をマジックで書き込んで、「この数字を見て、ある職業を当ててください」という問題を出した。なかなか回答が出なかったので、「この職業には男性もいますが、女性の場合はこの呼び名が今でも一般的に使われています」とヒントを出した。

すると少し間を置いて、女性社員から「保母さん！」と声が上がった。見事正解だった。「ほぼ3」との掛け言葉だ。正解が意外だったためか、オフィスは少し沸いた。定年後はフリーランスでやっていくので、ありきたりの挨拶で締めるのはどうかと思ったのだ。「この職場で定年を迎えることができたのは幸せでした」と締めくくった後、課員に見送られながらエレベーターに乗り込んだ。途中で他部課の社員が入ってきたので、花束を抱えていた自分の姿がちょっと恥ずかしかった。

会社の通用門を出て36年間の会社生活は幕を閉じた。あっけなく終わったというのがその時の実感だった。

定年退職日は一大イベント

まっすぐ家に帰ると、妻が「ご苦労さま」と迎えてくれた。持ち帰った私物と花束を机の上に置いて着替えをしていると、宅配便の配送員が玄関のチャイムを鳴らした。妻が印鑑を持って取りに行き、3歳違いの妹が贈ってくれた大きな花束を持って戻ってきた。

添えられたメッセージカードには、家族を養うため我慢して会社勤めを全うしたことへのねぎらいがあり、妻のおかげだから感謝して定年後も仲よく過ごしてほしいと書いてあった。それを読んだ時に、こみ上げてくるものを抑えきれず、思わず声を上げて泣いてしまった。数年前に亡くなった母からの言葉かとも思った。同時に、最後の挨拶で得意げにクイズを披露した自分が少し恥ずかしくなった。挨拶で話さなければならないことがもっとほかにあったのではないかと思ったのである。

多くの定年退職者に聞いてみると、やはり退職日のことを鮮明に覚えている人が少なくない。妻や子どもたちから思いがけない言葉や予期しないプレゼントをもらった話など、やはり人生での一つの大きな区切りなのだろう。なかには義理の父母から、一家の大黒柱として娘と孫たちを守ってくれたことに対する感謝の言葉をもらった人もいる。

これらのねぎらいの言葉は、会社員が必ずしも満足して会社生活を送っているのではないことを前提にしている。

反りの合わない上司に自分を押し殺して仕え、わがままな顧客に対しても作り笑顔でなんとかやり過ごし、自分に対する会社の評価が納得できなくても家族のために働き続けてきたことを周りの人は知っているからだ。

私が若い頃、社内旅行の宴会中に、先輩の役職者が旅館から急遽《きゅうきょ》自宅に戻ることになった。息子さんが家で暴れて奥さんからSOSが来たとのことだった。タクシーを呼んで待っていた私に、「単身赴任が長かったので俺の責任でもあるんだ」と自らに言い聞かせるように車に乗り込んだ姿を思い出す。みんないろいろなことを抱えながら働いてきたのだ。

ある定年退職者は、自分の若い頃アイドルだった松本《まつもと》ちえこが「65点のひとが好き」と歌った曲「恋人試験」になぞらえて、「みんな満点なんかじゃない。でもたとえ65点でも全員が合格なんだ」と冗談めかして語ってくれた。そう考えると定年退職日に似合うのは、トロフィーや賞状ではなくてやはり感謝状や花束なのだ。

しかし定年後は、それまでの会社生活とは違ったものが求められる。上司や仕事に拘束されない反面、誰かがあれこれと手を差し伸べてくれることはなくなる。

言葉を換えれば、今までは自らのライフステージとキャリアステージの両方の面倒を会社組織が見てくれたが、定年以降はそれらが全く期待できなくなるのである。

雇用延長で企業も揺れる

ここ数年で、定年制度に絡んで大きな変化があった。2013年(平成25年)の「高年齢者等の雇用の安定等に関する法律」(高年齢者雇用安定法)の一部改正で65歳までの雇用責任が事業主に義務づけられたことだ。

この法律の施行は企業に対して大きな課題を突きつけた。

少しデフォルメして言えば、日本の多くの企業では、新卒一括採用によって毎年大量の入社者が続く一方で、会社組織はピラミッド構造になっている。そして毎年毎年、ところてん方式で若手社員が後ろから順繰りに押し出されてくる。また専門性がそれほど重視されず全員が一律に上位職を目指して上がろうとする。

ポストの数は上位職になれば先細りになるので、中高年になるほど社内で居場所を失う社員が増加する。欠員補充は中途採用が中心で、役員すら外部から登用することが普通である欧米の企業とは全く異なるのである。

同時に、企業は長く勤めるすべての社員に対して比較的高い賃金を支払い続けることは困難なので、60歳の定年で雇用を断ち切ってきたとも言える。前述のラジアーの理論通り、定年を設定して一律に会社から退出させてきたのである。

1990年代後半からは経済の低迷が定着して、定年までの雇用保障が揺らぎ始めた。経営環境が厳しくなった会社では、採用抑制や配置転換の促進、役職定年制の導入、転籍出向の勧奨などに取り組んだ。

なかには定年までの雇用保障を維持できず、退職勧奨や早期退職制度の動きも活発化した。マスコミでセンセーショナルに取り上げられた「追い出し部屋」などもこうした一連の動きとも考えられなくはない。そして定年制度は企業の雇用責任を解消させる最後の砦《とりで》になっていた。

そうしたなかで、2013年（平成25年）の高年齢者雇用安定法の一部改正は、65歳までの雇用責任を企業に課した。今までのマネジメントと矛盾・逆行する取り扱いである。

戦後を見れば、定年年齢も55歳から上昇して、1998年（平成10年）以降に60歳定年制が義務化された。しかし、この時はまだ、成長の余韻が残っている時期であった。昨今のように大量採用したバブル世代が50代になり始めて、彼らの処遇が大きな経営課題に浮上している現在と単純に比較することはできない。

この改正を受けた企業の対応もばらつきが大きい。中高年社員のさらなる生産性向上を目指して定年を延長する会社もあれば、最低限の義務を果たすべく大幅に賃金を下げたうえで対応する企業もある。

また60歳以降に働く社員にどういう仕事を付与するかも各社で検討されている。彼らに対する新たな職務開発を求められている企業も多く、人事担当者が頭を悩ませている会社も少なくない。

定年退職か、雇用延長か

一方で、社員側は60歳で定年退職するか、そのまま継続雇用で働き続けるかの選択肢を得た。このため各社で「定年退職するのか、雇用延長を選択するのか」について社員間で議論することが多くなった。

年度末に定年を迎える2人を含めた5人が居酒屋で話し合ったことがあった。どちらを選ぶかを2か月後には決めなければならないタイミングだった。

Aさんは、「今まで38年間働いてきて疲れた。60歳の年度末で退職して区切りをつけたい」と言いながら、「結果として雇用延長に手を挙げるつもりだ」と矛盾することを言い出した。

ほかの4人がAさんに質問していくと、「退職して毎日家にいることに妻が耐えられないというそぶりを見せている」らしい。面と向かって言われたことはないが、雰囲気で強く感じるのだそうだ。「単身赴任も長かったので、家に自分のスペースがなく最近は妻に頭が上がらない」と笑っていた。

翌春に同じく定年を迎えるBさんは、「退職した先輩たちに話を聞いてみると、家にいても行くところは図書館か書店くらいなので、会社に勤めている方がまだ健康にもいいと話していた。俺も延長を申請するつもりだ」と語り出した。

会社にとっては、妻に言われて出社する社員や、健康にいいからという理由で居残る社員を雇い続けなければならないということになる。

居酒屋での会話はずっと盛り上がっていたが、みんなが一瞬静まり返った瞬間があった。妻の希望を受け入れて60歳以降も働くというAさんが、「自分の親は60代後半で亡くなった。それを考えると残りはあと10年だ」と語ったのだ。

その発言を聞いた時に、5人の頭に浮かんだのは「えっ、あと10年? 残りの人生はそんなに短いのか」という共通した思いだった。「妻が許さないから」「健康にいいから」といった理由で会社に残る選択が、残りの人生の短さに見合ったものではないことを各自が感じ取ったのである。

こうして見てくると、企業側も社員側も課題を抱えている状況が見えてくる。ただ課題だと思っているだけでなく、今回の法改正をよい機会と捉え、定年延長によって社員のさらなる戦力アップを図っていこうとする企業もある。また社員側も今までやりたかったことに取り組めると、改正にかかわらず定年の到来を心待ちにしている社員もいる。

いずれにしても選択肢があるということは定年を深く考える機会になる。それをチャンスにつなげていきたいものだ。

再雇用は悪条件?

定年後の雇用延長のことをもう少し敷衍《ふえん》すれば、2013年（平成25年）に改正高年齢者雇用安定法が施行されて、企業側は左記の3つのうちのどれかを選択しなければならないことになった。

①定年の引き上げ
②継続雇用制度の導入
③定年の定めの廃止

大半の会社は定年年齢の引き上げや定年制度の廃止ではなく、継続雇用制度の導入で対応している。

先ほどは社員の側にも選択肢が増えたと述べたが、この継続雇用制度の導入（再雇用）は単なる定年前の勤務条件が当然のように延長されるわけではない。

多くの会社では役職はなくなり、契約も一年ごとの業務委託契約になる。また報酬も大幅なダウンを伴うことが多い。定年前の3割水準といった会社もある。

また定年前の仕事をそのまま延長して働ける会社もあるが、補助的な作業や一人で完結する単純作業を付与する会社もある。また定年に到達した社員を受け入れる職場においても多くのマネージャーは、できればかつての先輩ではなくて、若い社員がほしいと思っている。そういう意味では期待されない中で働くということも考慮に入れておく必要がある。

このような立場の変化は、実際にそこで働く個々の社員にとっては重要だ。このため、雇用延長を選択しても65歳までの間に退職する例も少なくない。

また、雇用延長した人にどのような業務を与えるのか、スタンスが定まっていない会社が少なくない。雇用延長後は高い賃金を出せないこともあって、誰にでもできる定型作業や単純作業に振り向けてきた会社も多い。しかしそれでは現役社員のモチベーションも落ちるので、考え直す会社もある。

このように制度面、運用面において、定年制や再雇用の内容は各企業ごとに異なっている。このため、自分が働く会社についてよく知っておくことが大切だろう。

隠居と定年の相違点

ところで日本においては、定年に近い概念として隠居がある。

「隠居」は、辞書を見ると、「仕事や生計の責任者であることをやめ、好きな事をして暮らすこと（人）」とある（三省堂『新明解国語辞典』）。

隠居と言えば、京・錦小路《にしきこうじ》にあった青物問屋の主人だった伊藤若冲《いとうじゃくちゅう》が40歳で家督を弟に譲って有名な「動植綵絵《どうしょくさいえ》」を描き始めたことや、49歳で家業をすべて長男に譲って江戸に出て、のちに全日本地図の作成に携わった伊能忠敬《いのうただたか》などが頭に浮かぶ。

また辞書には、民法旧規定のことが書かれている。戦前の民法では、家族の統率・監督を行うための権限を戸主に与えていた。その戸主たる地位である家督を相続人に承継させる制度が家督相続であって、隠居はその家督相続の開始原因の一つであった。隠居ができる条件は左記の通りである。

一、（年齢）満六十年以上なること（752条）

二、完全の能力を有する家督相続人が相続の単純承認を為すこと（752条）

ここでも現在の多くの会社と同様、60歳が基準となっている点が興味深い。

こうして見てくると、隠居も定年も世代交代を目的に一定の年齢に達したことによって引退するという意味では共通している。しかし隠居は自由意思に基づいた主体的な選択であるのに対して、定年は本人の意思にかかわらず引退する意味合いが強い。

隠居に関する一般の著作を見ても、大学や研究機関の職を歴任し、引退後に書いた加藤秀《かとうひで》俊《とし》氏の『隠居学』『続・隠居学』では、好奇心あふれる隠居の日々やそこで考えたことを書いている。それらを読むと、定年になった会社員から聞こえてくる声とは比較にならない自由な精神が横溢《おういつ》している。

やはり定年時点での主体的な意思や姿勢が大切なのだ。早期退職して起業したある先輩は、定年退職日に辞めるか、その1日前に退職するかだけでもその差は大きいと語っていた。主体的な意思の有無は定年後を考える際の大きなポイントである。

また老いの民俗学的考察から書かれた『隠居と定年』（関沢《せきざわ》まゆみ著）は、隠居と定年の今までの成り立ちを検討しながら、日本の伝統的村落社会に残る隠居の慣習に、豊かな老いのあり方のヒントを探り、新たな生き方を見出そうとする視点で書かれている。

同書によれば、伝統的な村落社会には村隠居という民俗があるという。村隠居とは、近畿《きんき》地方およびその周辺地域で、寄合への出席をはじめ村落運営に直接関わる権利などを子どもに譲って引退する慣行のことであるという。年齢は60歳に定めている村落が多いそうだ。近世の古文書でも確認され、現在においても一部でなお機能しているという。

村落の共同体においても60歳で引退する民俗があるというのが面白い。隠居と定年は、現役をいつ引退するかという課題だけではなく、その後の老年期の人生をどのように過ごすかという共通した課題があることが、同書を読めばよく分かる。

お金のことが一番心配

プロローグで述べたライフプラン研修で受講生が一番関心を持って聞くのは、定年後の資産管理の部分だ。私が退職する前年にビジネス誌『週刊東洋経済』（２０１３年〔平成25年〕1月26日号）で「65歳定年の衝撃」というテーマで、雇う側と雇われる側の課題について特集が組まれた。

その目次には、パート１「65歳のリアル　人事・給与が激変」、パート２「企業の格闘、個人の奮闘」、パート３「いくら必要？　おカネと仕事」など幅広く特集が組まれていたが、定年退職を間近に控えた先輩たちの多くは、パート３の年金編や雇用保険編ばかりを読んでいたことを思い出す。

高齢化の進展が叫ばれて、老後の生活に対する不安が脳裏にあるのだろう。また昨今はテレビ番組や書籍でも「老後破産」などが取り上げられている。

定年後に働かなくなると今までの安定した収入がなくなる。今は低金利の時代なので多少の貯蓄があっても銀行預金の利息はないに等しい。また退職金や企業年金も自分たちの前の世代から見ると相当目減りしている。そうなると、自分は本当に大丈夫だろうかと思ってしまう。また頭で考え出すと不安な要素はいくらでも出てくる。

厚生年金も支給年齢が引き上げられたが、今後は支給金額が削減され、再び支給年齢が引き上げられるかもしれない。

また、ガンなどの重い病気になって医療費が大きく嵩《かさ》んでしまう可能性もある。介護の心配もある。年金財政と同様、介護保険の収支も厳しくなっている。しかも介護を受ける期間はいつまで続くかは分からない。子どもたちに迷惑をかけたくないので老人ホームに入居しようと思っても、かなりの出費が必要になるだろう。寝たきりが長く続くとその費用も馬鹿にならないはずだ。

おまけに自分たちは団塊の世代の後なので、そういう施設や介護に関わるコストも高騰しているだろう。今後、円安やインフレが生じると、今の貯蓄さえ目減りを起こすかもしれない。もう国にも会社にも頼れないとすれば自費でなんとかするしかない、などなど。こうなると不安の連鎖はどこまでも続いていく。

自分の家計の資産表を作る

先日、証券会社で、自分の資産について今後のシミュレーションを受けてみた。定年まで生命保険会社に勤めたので、基本のことは分かっているつもりだったが、紺屋《こうや》の白袴《しろばかま》というか、自分の資産について診断を受けたのは初めてだった。

現在の貯蓄額、家族構成、マンションのリニューアル費用、子どもの結婚費用、受け取る厚生年金の想定額などを入力して、今後の年齢の経過に応じて資産がどのように変化するかをパソコン画面で確認してみた。90歳までシミュレーションできた。

ここで感じたのは、老後不安の最大の原因は、定年後にどれだけお金が必要なのかが分からないことだ。金融商品を勧める担当者やマネー関連の雑誌の中には、この点をやや誇張したものも見られる。ここから漠然とした不安が生じている。

生命保険文化センター「生活保障に関する調査」（平成28年度）によると、夫婦2人の老後の最低日常生活費は月額平均22・0万円、ゆとりある老後生活費は月額平均34・9万円とある。たとえば、月額22万円を25年間であれば6600万、月額34・9万円を25年間であればほぼ1億円になる。これらの金額と現在の貯蓄額を比較すれば不安を感じるのも無理はない。

ただ、定年まで勤めた会社員であれば厚生年金が支給される。受け取る額は「加入期間」や「平均年収」によっても異なるが、65歳以降に受け取る年金額は、最低日常生活費である月額平均22・0万円に近い金額にはなるだろう（厚生労働省のホームページでは、一定の条件での標準的な厚生年金額は22万1000円になっている）。これに退職金や企業年金が加わると、贅沢《ぜいたく》しなければ最低限の生活費を確保することはそれほど難しくない。加えて、日本の健康保険制度は充実しているので、過度に不安を抱く必要はないだろう。なお、住宅ローンなどの借財は在職中にできるだけ返済を終えておくことが望ましい。

私も定年退職して2年ほど経《た》つが、会社勤めの時に比べて付き合いなども減るので、支出額の調整も比較的容易だと感じている。自身の厚生年金の額を「ねんきん定期便」などで確認し、金融機関などで今後の資産の収支を診断してもらってもいいだろう。

また他人に計算してもらうとともに、自身で自分の家計の特徴を把握しておくことをお勧めする。私のやり方は、半年ごとに自分の資産を一覧表にしてみてその動きを把握しておくというものだ。家計簿のように収入と支出を逐一記載するのは面倒なので、半年ごとに企業でいう貸借対照表を作成するのである。決まった日の貯蓄額や資産の評価額を書き込めばよいだけなのでそれほど手間はかからない。減価償却に該当するのは住宅と車くらいだろう。これを何年間か続けていくと、資産の状況だけでなく、家計における収入と支出の特徴がつかめてくる。そのうえで金融機関でシミュレーションしてみると、大きく見間違うことはあり得ない。

投資のリスクには留意

生命保険会社に長く勤めていた立場から言うと、定年後の資産は老後の備えなので、大きな運用益をあてにしないことだ。

会社員が持つ数百万から数千万円の資産であれば、銀行預金を中心にして、確定拠出年金やNISA《ニーサ》(少額投資非課税制度)などの税制上有利な資産の運用場所を利用しながら、個人向け国債や比較的手数料の安い日経平均に連動した投資信託、および先進国の大型株で運用している外国株式の投資信託を一部加える。余資があれば金の積み立て投資を少額だけ行うことで足りるだろう。とにかく安全性を前提に分散投資をして、自分が自由に動かせる現金または預金を一定額は確保しておかなければならない。

余談ではあるが、「退職金特別プラン」などの名称で、退職後の一定期間内に限って高い利率を付与した短期の定期預金を取り扱っている銀行もある。いくつかの銀行を次々と預け替えしている退職者も少なくない。一般の定期預金よりも利率が高いので私も預けてみた。ただし、各金融機関は顧客の取り込みのためにやっているので内容をよく確認したうえで利用するといいだろう。

ときどき退職金を元手に大きなリスクのある投資を行う定年退職者も見受けられる。時間がたっぷりあるので、パソコンでずっと投資情報を見ている人もいる。しかし老後の蓄えのための資産であれば、リスクには十分配慮すべきだ。社内での目標額を達成するためにリスクの高い投資を強く勧める金融機関の担当者もいないわけではない。リスクを取るにしても一定金額の範囲内にとどめておくべきであろう。投資はあくまでも自己責任であることに留意が必要だ。

第5章でも述べるが、社会とのつながりという意味でも定年後も働くというのは一つの重要な選択であり、少額であっても収入があれば余裕ができる。趣味や娯楽に充てる資金を確保する意味からも重要である。

定年退職した知人の中には「年金があって大丈夫だと思っていても、無収入で貯蓄額が毎月減っていくのを見ると精神衛生上よくない」という人もいた。また働くこと自体が心の平安を確保する大事な要素だという人もいるのである。

喜劇王チャールズ・チャップリンは、人生において必要なものは「勇気と想像力、そして少しのお金だ」と言っている。とにかく安定した生活ができる金額をまず確保することが大切である。そして付け加えて言えば、定年後をイキイキと過ごしている人に出会うと、財産の多寡《たか》にかかわらず、私はその人の中に豊かさを感じてきたのである。

戦争を知らない子供たち

プロローグでも紹介した、定年に関する著作も多い加藤仁氏（1947年〔昭和22年〕生まれ）は、その著書『定年後　豊かに生きるための知恵』の中で、「これまで私が会った明治・大正・昭和ヒトケタ、戦時中生まれの起業家たちは、戦争に駆りだされたり、空襲下で逃げ惑ったり、肉親を失ったりという体験があって、生きることにリスクがつきまとうのを承知していた。そのためサラリーマン生活を卒業して起業をするにも、リスクに立ちむかう度胸や覚悟があった。なかには退職金や自宅という財産も投じて、大勝負に挑むような人たちがいた。しかし団塊の起業家たちには、そのような大胆さはうかがえない」と述べている。

団塊の世代の多くは構造不況やバブル崩壊などの経済情勢には右往左往させられたが、定年までの間、戦禍を経験することはなかった。リストラに脅えはしたが、安定した収入を得てきたし、退職金も約束されていた、と自らも団塊の世代である加藤氏は振り返る。

平和で豊かな時代に安定した会社員生活を送ってきたということは、定年後の生活を検討する際にも一つのポイントになるだろう。戦争体験の有無と定年後の過ごし方との関係については、第7章で改めて言及することにしたい。

付け加えて言えば、加藤氏には『たった一人の再挑戦　早期退職者55人行動ファイル』という著作もある。定年退職者を対象とすることの多かった加藤氏だが、同書では、大手企業を辞め、いわば「リスクを取った」果敢な人たちに関心を寄せている。勝手な推測ではあるが、戦後世代の定年退職者を扱うことに物足りなさがあったのではないか。私自身、彼の著作を読んでいて、戦前・戦中生まれの人に比べてインパクトが薄くなっていたことを感じたからである。もし加藤氏に面会する機会があればそのことを聞きたかったのだが、惜しくも2009年（平成21年）に亡くなられた。

もう一点、定年後を検討する際に含んでおくべき点は、会社員の数、および人口に占める割合が戦後急速に膨らんできたことである。

私は子どもの頃、歓楽街に近い商店街で育ったので、身の周りに会社員や公務員は皆無と言ってよかった。日本全体でも雇用者の占める率は高くなかったのである。

総務省統計局の労働力調査を見ると、60年前の1957年（昭和32年）6月の就業者に占める雇用者数は2017万人、就業者に占める割合は47・5％で半分にも満たなかった。ところが30年前の1987年（昭和62年）6月で4426万人、74・9％である。それが2016年（平成28年）11月では5733万人、88・9％で、ほぼ90％が雇用者なのである。

農業や林業、漁業を営んでいる第一次産業の従事者や、大工や左官などの職人には定年はなく、力量さえあれば歳を取ってもベテランとして活躍できる。また周囲からも頼られる存在になる。

しかし会社員であれば、多くの場合定年という一律の基準で、仕事を続けたくても退職しなければならない。今までの仕事とは離れたなかで定年後の過ごし方を考えることになる。

戦争のない平和で豊かな時代に会社員という一つの仕事に従事してきたこと、および雇用者の全体の人数が増加して人口に占める割合が急激に高まってきたことを考えると、この定年後の過ごし方の課題は極めて新しい問題であり、かつ重要な社会的な課題であると考えていいのではないだろうか。「定年後」というと、単純に「高齢化問題」と結びつけられがちであるが、こういう課題が内包されていることも理解しておく必要がある。

「定年女子」は大丈夫

エッセイストである岸本裕紀子《きしもとゆきこ》氏が書いた『定年女子』は、定年退職した女性を数多く取材して、彼女たちの定年後の仕事や生活を紹介している。彼女は取材を通して「女の人は大丈夫だな」と感じるようになったという。

その理由は、「女性は現役時代から、仕事だけではなく、家事も、子育ても、食べ歩きやショッピングなど好きなことも手放さないで、調整しながら何とかやってきたからだ。仕事だけだった、という人が多い男性とはそこが違う」と述べている。昨今は女性の働き方も大きく変化しているので一概には言えないが、この点については私もほぼ同感である。

私が定年退職する時に、過去に一緒に支店で仕事をしたメンバーが祝ってくれたことがある。私と同世代の当時の事務リーダーだった女性社員が集まってくれた。

初めに気がついたのは、メンバーの多くが50代半ばを越えて退職していたことだ。60歳の定年退職日まで在籍する男性社員とは対照的だった。

また、退職後も男性に比べて元気で楽しく過ごしている様子が伝わってきた。岸本氏が指摘したように、家事や子育てを行い、会社生活と折り合いをつけながら自分の楽しみを手放していなかったからだろう。逆に言えば、男性のように会社の仕事を常に優先して楽しみを先送りにする姿勢ではなかったことが大きい。

もちろんこれは女性社員の会社生活が楽だったからではない。むしろ逆だろう。家事も、子育てもしながら仕事を続けることが重労働だったことは言うまでもない。私も定年退職して家にいる時間が多くなると家事労働の大変さを再認識した。

また、社内では男性中心の仕事の進め方に対して違和感、疎外感を感じることは少なかったはずだ。そこでの人間関係では、仕事の機能面のつながりというよりも、各社員の心情的な結びつきによるものが大きい。

「おまえの言いたいことはよく分かる」

「そうか、分かってくれるか（そうですか、分かってくれますか）」

「毎日一緒に仕事をしているから当たり前じゃないか。分かる。分かる」

こんな会話が心の中で成立すれば、場を共有する男性同士の感情的な一体感は成立する。極端に言えば、「何が分かっているのか」は当人同士もよく分からないのにつながりができる。こういう関係の中に女性社員は簡単に入れない。入りたくもないだろうが。

私が採用責任者として女性総合職の採用を始めた30年近く前には、応募してくる優秀な女子学生は多かった。しかし入社すると男性中心の仕事の進め方のなかでは大変だろうなと感じたことを覚えている。年月を経ることによって修正はされてきているが、今でもその壁は薄くはないだろう。

本書では定年退職後の期間を主に取り上げるので、男性社員の課題が大きい。そうした認識のもと、本書では男性を中心に定年後を考えていくことにしたい。

ただ、男性社員と女性社員という観点の比較だけではなく、家庭や地域においては男性と女性は共に生きていく存在でもある。この点については第３章において考えてみたい。

東京と地方の定年後は異なる

かつて仕事で四国の県庁所在地にある市役所の人事責任者と話したことがある。彼の話によると、自分たちと同じような地方都市の役所の人事課長と、東京圏や大阪圏の市役所の人事課長が研修で一緒になったことがあった。

都心にある市役所の人事課長は定年に向けたライフプラン研修をどのように運営していくかで頭を悩ましていたらしい。かつてのように定年後に働く場所が豊富にあった時代に比べると今は厳しくなっている。しかし60歳で退職して何もしなければ家に引きこもってしまうことにもなりかねない。定年後も元気で暮らしてもらうためにどういう研修をすればよいかで悩んでいるというのだ。

一方で地方の人事課長は、「60歳で退職してもやることはいっぱいある職員が多い。むしろ地元では手ぐすね引いて待っている」と言う。実家の農作業だけでなく地元の自治会の幹事や消防団の役員など、60歳はまだまだ若手なので地元にいる人たちから頼りにされるというのだ。

実際に畑仕事や果物づくりをしている人は、高齢者であっても元気なのだ。自分の仕事や役割がいっぱいあるからだろう。それに比べると、都心にある市役所の定年退職者は、組織を離れると社会とつながる機会がとても少ない。

また地方にある県庁では、管轄の範囲が広いので、定年前の職員は基本的には地元に近い職場に異動させる。そうして定年後に生まれ育った地元で円滑に過ごせるように配慮しているのだそうだ。

役所においても60歳以降の再任用の件をいろいろな観点から検討していた時期だった。2010年（平成22年）頃の話である。その話を人事責任者から聞いた時は、定年後は地方の生活の方が豊かかもしれないと思ったものだ。

また最近は、副業をもっと幅広く認めるべきだという流れが強くなっている。私もたまにいろいろな団体からスピーカーとして招かれることがある。10年ほど会社員とフリーランス（執筆・講演など）を並行して働いていたからだ。

その会合での議論の場で、地方から来ていた会社員は、「私たちは農繁期の時には会社を休んで手伝いをするのは当たり前のことです。でも副業禁止が議論になることなんてない」との発言がみんなの意表を突いたのが面白かった。おそらく都心にある企業よりも、兼業や副業の制約も地方は緩いのではないかと思われる。

こうして考えてくると、定年後の課題が大きいのは都心部であって、地方では退職後も地域に自分を求めてくれる場があるので、定年前後のギャップは圧倒的に小さい。畑仕事や果樹園の仕事をしている人は、本当の意味での生涯現役だと言えそうだ。

「定年後」は新聞に載らない

今後、高齢化に向かうなかで、定年後の生き方、過ごし方は小さくない問題だと思っている。しかし新聞などマスコミで取り上げられることはそれほど多くはない。不思議に思って大手新聞のデスク（取材や記事作成の責任を持つ中堅社員）や記者にその理由を聞いてみたことがある。

彼らによれば、この「定年後」の対象者は、大手企業か中小・零細企業かという区分で言えば大手企業が中心である。会社生活の中で昇進して高い役職に就いていたかどうかと言えば、昇進した層と一応は言えるだろう。また生活にゆとりがあるかどうかと言えば、比較的恵まれた層だ。ある意味勝ち組という位置づけになる。

そのため新聞が取り上げる課題という観点からは直接対象にはなりにくいからだそうだ。新聞社の立場は役所目線に近いと言ってもいいかもしれない。しかし彼らも話すにつれて興味や関心が全くないわけではないことが分かってくる。

働いている人たちがメンタル面で不調に陥り休職になる、法定基準を超えた長時間労働が恒常化している、過労死などの恐れが生じる、といったケースでは彼らが扱うべき問題になる。また企業のリストラ、ワークライフバランスや女性登用の推進などは新聞も常に報じている課題である。これらの問題と定年後の生き方との間にある壁はそれほど厚くはない。

また、定年退職者たちがたとえ勝ち組であるにしても、イソップ寓話《ぐうわ》のアリとキリギリスの話で言えば、彼らは遊び呆《ほう》けて何の備えもしなかったキリギリスではない。10頁で「65点でも全員合格だ」と述べたように、むしろ自分を押し殺しながらも、会社や経済の発展のために貢献してきた人が少なくない。

面白いことに、『定年ゴジラ』（重松清《しげまつきよし》）、『孤舟《こしゅう》』（渡辺淳一《わたなべじゅんいち》）、『終わった人』（内館牧子《うちだてまきこ》）などの定年退職者の男性を主人公にした小説はベストセラーになっている。

もちろんいずれも力量のある作家が書いているので多くの人が手に取っているのだろう。しかし、これらの作品の背景には単なる会社員の老後生活という問題にとどまらないものがある。ワークライフバランス、現代人のライフサイクルの課題、地域社会との関係、また老後の過ごし方、最期の迎え方などいろいろな重要な問題とも絡み合っている。

本書では、定年後の実態を観察しながら、これらの点も考慮に入れて考えていきたい。

第2章　イキイキした人は2割未満？

「半年経つと立ち上がれない」

もう10年近く前になるが、活力あふれるシニアの増加を目指すNPO（非営利団体）からセミナー講師の依頼を受けたことがある。「中高年からライフワークを見つけた人たち」というタイトルで話をした。

当時は会社員から転身して次のステップで「いい顔」で活躍している方々への長時間のインタビューに取り組んでいた。

たとえば、鉄鋼会社の社員から蕎麦《そば》屋を開業、NHK記者からプロの落語家に転身、ゼネコンの社員から社会保険労務士の資格を取って独立、総合商社社員から物書きになるなど、多様なパターンを取材した。転身先も起業、コンサルタント、資格で独立、NPOなどだった。最終的には150人を超える人たちに協力いただき、通っていた社会人大学院の修士論文もこれをもとに書き上げた。

この活動が新聞に取り上げられたこともあって、そのNPOから依頼をいただいた。大阪と東京で実施したが、大阪のセミナーが終了した時に、居酒屋で事務局の人たちと歓談の機会があった。その時に60代の男性がNPOに参加した理由を語り出した。

「定年になって初めの1か月程度は解放感に満たされたが、それ以降はやることがなくて本当に辛《つら》かった。家に引きこもりがちになって半年もするとテレビの前から立ち上がれなくなった」そうだ。その後このNPOの存在を知って救われたという。

私に声をかけたのも「現役の人たちに定年後のための助走をしてほしい」と思ったからだそうだ。また「『失業保険を受け取ってから何をするかは考える』と話す同僚が多かったが、半年間何もしないことに耐えられない人が少なくないはずだ」と自らの体験をもとに語ってくれた。

また私が執筆の場にしているレンタルオフィスを訪ねてくれた会社員当時の先輩と、

「この事務所にはどれくらい来ているの?」

「週に4、5日くらいですかね」

「それじゃ生活のリズムがついていいなあ」

というやりとりをしたことがある。

その後に近くの喫茶店で話し込んだ時に、「生活のリズムをつけるのは大変ですか？」と私から尋ねてみると、「朝起きてやることがないと、朝食をとった後また寝てしまう」と話していた。

その後は外出する気分も失《う》せてテレビを漫然と見ていることが多い。だから自ら〝二度寝注意報〟を発令して、できるだけ外出することを心掛けている。図書館や百貨店、映画館などをぶらぶらしていることが多いそうだ。

気心の知れた先輩なので本当のところを語ってくれたのだろう。私の事務所を訪れたのも何か自分にヒントになることはないかと思っていたのだそうだ。

曜日の感覚がなくなる

今紹介したNPOの事務局で運営に携わっている人や、オフィスを訪れた先輩の定年後の困惑、戸惑いは私にも十分伝わってくる。

私は60歳で36年間勤めた生命保険会社を退職した。65歳まで働くという選択肢もあったが、「定年後」を自ら体験しながら執筆したいと思い、どこの組織にも属さずに過ごしている。

定年退職後に感じた変化を簡単に紹介してみよう。

会社員のほぼすべてがそうであるように、毎日通勤電車に揺られて職場に入り、そこで長時間働くのが日常だった。ところが定年の日を境に、満員電車に乗り込む必要はなくなり、机の前に座ることも、同僚と話すことも、なすべき仕事も何もかもなくなった。

私の場合は、10年近く会社員とフリーランスの二足のわらじを履いていたので、会社との距離は相当あると自分では思っていた。それでも会社を退職した当時の解放感は予想以上に大きく、しばらくは原稿を書くために机に向かうことができなかった。一方で、退職してから2週間くらいは会社を辞めたという実感は湧《わ》いてこなかった。

会社勤めの時でも、夏休みや正月休みでは土日を挟んで9日間程度の休暇はあったので、すぐには勤務当時の感覚は抜けない。健康保険の手続きや、定年挨拶状の手配、銀行口座の開設などやるべきことも多かった。

それでも平日にゆっくり京都で桜見物できるのは新鮮だった。在職中は、毎年4月は忙しくて気がつかないうちに桜の季節は終わっていたからだ。疎水沿いに散った桜の花びらが川《かわ》面《も》一面をピンク色にしている光景を見て、「自由になったんだ」と感じたことを覚えている。

退職して2、3週間くらいは、「明日から会社に出勤せよ」と命じられても問題なく現役復帰できる状態だった。ただ退職後3週間余りが経過すると、だんだん曜日の感覚がなくなってきた。土曜、日曜はそれほどでもないが、平日の曜日が分かりにくい。先日出かけたセミナーは何曜日だったかなとか、映画を見たのが昨日だったか一昨日だったかが明確でなくなってきた。

　原因の一つは手帳を頻繁に見なくなったことだ。日によっては一度も見ない。ほとんど頭の中で把握できるくらいしか予定がないからだ。

　それまでは毎朝、始業前に手帳をじっと眺めてその日のスケジュールを確認したうえで、仕事の段取りを考えるのが日課だった。未処理事項やプライベートの予定も手帳にすべて書き込んでいた。いつでも取り出す必要があったので、上着の内ポケットに入る一番幅が広いタイプの手帳を使っていた。

　3月までは引き継ぎや送別会のスケジュールで真っ黒だったのに、4月になると白い部分が目立った。手帳を見ないので、逆に面会の約束を失念してしまいそうになることがあった。

失ったものが目につく

　ちょうどゴールデンウィーク前の金曜日に繁華街に出た。夜の8時頃だったが、居酒屋、飲み屋、レストランは、どこもかしこも超満員だった。これからの連休を控えて仕事から解き放たれた様子の会社員であふれていた。その時に自分にはこのような週末はもうやってこないことに気がついた。

会社員は自分で工夫しなくても、会社が自然とオンとオフのスイッチを切り換えてくれる。始業、昼休み、終業のおのおののチャイム、同僚と一緒のランチなどだ。

また毎週のチーム打ち合わせ、部内の会議、夜のちょっと一杯、周囲の仲間との談笑や雑談、上司からの無茶振りなども、仕事がマンネリにならないように適当にちりばめられている。出張もなくなってみると単調になりがちな仕事のスパイスだったと思えてきた。忘年会、歓迎会、新年会なども同様な機能を持っていると言えそうだ。

同時期に退職した学生時代の友人が、「今は一つのことをずっと考え込んでしまうが、会社では電話や上司の指示でいつも考え事が遮《さえぎ》られる。これが精神衛生上とてもよかった」と語っていたのが印象に残っている。また彼は、若い人から年配者までが一緒に集まっている場所は会社のほかにはないことに気がついた、とも話していた。

その数日後には、休日をふるさとなどで過ごした人たちのUターンラッシュのニュースがテレビで報じられていた。画面には、高速道路で数珠《じゅず》つなぎになった車の映像が流されている。今まではこれらのニュースの当事者だったが、もう違う世界の話として見ていた。

実用的な面だと、スーツ、ワイシャツ、ネクタイが一度に不要になった。その代わり、ポロシャツなどの普段着が足りない。靴下や靴もビジネス用では役立たない。

この話をしたところ、知人の女性は「それじゃ整理して捨てればいいじゃないですか」と言い切った。たしかにそうだが、頭のてっぺんから足の先まで会社用のユニフォームで統一されていたものがすべて不要になって戸惑いを覚えていたということなのだ。

退職から2、3か月経過しても解放感は依然として続いていたが、同時に会社からの拘束や仕事上の義務の中に自分を支えていたものがあったことに気づき始めた。人は失ったものに目がいくようになる傾向があるのだろう。

生活リズムが乱れ始める

36年間の会社生活では、午前8時半には、会社の事務所に出勤する生活を続けてきた。毎日毎日、朝7時には起きて会社に行く準備をしてきた。特に定年前の5年間は大阪駅近くの喫茶店で毎朝原稿を書いていたので、6時には起床して、7時には電車に乗るという生活だった。春夏秋冬、同じ生活リズムだった。

会社に通わなくなっても、11月くらいまでは早寝早起きの生活が続いた。ところが寒くなってくると、朝早く目が覚めなくなった。会社に行かないといけない、喫茶店で書かねばならないといった、「しなければならない」ことがなくなると、一日の区切りが失われる。午前8時に始まるＮＨＫの連続ドラマの主題歌で目を覚ますことが増えた。それから二度寝することも珍しくなかった。この時に私の中に2つの仮説が生じた。

①今までの36年間の生活リズムが崩れ出し、遅く起きる生活習慣に移行する。思い出すと学生時代は宵《よい》っ張りの生活だった。

②寒い時と暖かい時とは生活リズムが違う。会社員当時は、始業の時間が一定なので無理に合わせていた。暖かくなれば、自然と朝型に戻る。

翌春になると、やはり早く目が覚めるようになった。②のプチ冬眠に入っていたわけだ。ただ、勤めていた当時のように決まった時間に目が覚めるというものではなくなった。

そういう意味では、会社員時代は自然のリズムに逆らっていたと言えなくもない。しかし決まった時刻に起きることは、その日の生活リズムをつけるという意味では有意義な機能を果たしていることに気がついた。

無理に起きなくなったせいか、朝起きた時に夢を覚えていることが多くなった。大半はすぐに忘れてしまうが、会社員当時の夢を見ることが少なくなかった。退職した翌年の初夢ではサラリーマンに戻っていた。

何か大きな建物（ビル？）の中を少し慌てながら小走りにどこかに向かっている。途中に、サラリーマンらしき人たちが座っている横を通り過ぎた。そこでは、私に挨拶してくれる人もいれば、目を伏せて顔を合わせない人もいる。途中で過去にお世話になった先輩がこちらを見ている。

そのまま進んで大きな応接室に到着すると、向こうからサンタクロースか、仙人のような白いひげを蓄えたおじいさんが現れた。そして笑顔で私に語りかけてくる。

夢はこれだけだ。最後に「自分はもう会社員ではないのだ」と自ら言い聞かせながら目が覚めた。なぜかほっとしていたのが我ながらおかしかった。私にとっては比較的鮮明に覚えていた夢だったが、「一富士二鷹《たか》三茄子《なすび》」にかすりもしなかった。

退職した後にも会社員当時の夢を多く見るようになったのは不思議な感じだった。しかし現実では、退職してからはグループ保険の継続可否のことで同僚から一本の電話があったきりだ。会社にいた頃の思い出を抱いているのは自分だけで、会社から見れば何の関係もない人間になっているわけだ。

名前を呼ばれるのは病院だけ

プロローグではライフプラン研修で健康管理が強調されると書いた。60歳を過ぎた大半の同僚や友人は元気ではあるが、胆嚢《たんのう》ポリープの摘出手術を受けたとか、腎臓結石で大変だったという話を聞くこともある。

研修の話を聞くまでもなく、健康が定年後を健やかに過ごす最低限の条件であることは誰も異論はないであろう。ただ在職の時は当然だった健康診断や人間ドックを受けていない人が私を含めて少なくなかった。

健康状態は個人差が大きいことはもちろんであるが、定年後半年もすれば対処法も異なってくる。腫瘍《しゅよう》マーカーなどのオプション検査もすべて受け、初期のガンが発見されて抗ガン剤治療に取り組んでいる人もいれば、健康診断には行かないで、元気な時にはそのまま過ごせばよいのだと割り切っている人もいる。自分なりのやり方に幅が出てくるのだと思った。

定年退職は誰にとっても大きな環境変化であるが、その変化をどういう点で感じるかは人によって様々だ。定年退職して受け取る年賀状が今までの3分の1になったと嘆いている人もいれば、会社の経費で飲めなくなったことが寂しいという人もいた。

私にとって一番印象的だったのは、誰からも名前を呼ばれないことだった。どこにも勤めず、無所属の時間を過ごしていると、自分の名前が全く呼ばれない。社内では、「〇〇さん」「〇〇調査役」などと当然のごとく声をかけてくれた。それがいかにありがたいことだったかは退職して分かった。

家族からは「おとうさん」と呼ばれ、電話やファックスも自分宛には来ない。退職した当初は、引き継いだことや仕事の確認のため電話が入るかもしれないと思っていたが、それも一切なかった。

退職した年の年末に行った病院で、順番が来た時に看護師さんから「〇〇さん、次が診察ですのでこちらでお待ちください」と声をかけられたのが唯一だった。これは笑い話ではなくて本当だ。

この話を同年代の定年退職者にすると自分もそうだという人が多い。ある人は通りを歩いていて自分の名前を大きい声で呼ばれたので珍しいなと思って振り返ると、一緒に歩いていた息子の友達が声をかけたことに気がついたという。また別の退職者はハローワークの相談員と面接した時に自分の名前を何度も呼んでくれたことがとても新鮮だったそうだ。

彼からその話を聞いた時に、「たしかcallingという英単語は職業という意味だったな」ということが頭に浮かんだ。

『新英和中辞典』（研究社）を見ると、「職業」のほかに「天職」や「（神の）お召し」という意味もある。会社勤めの時には意識していなかったが、定年後一人になれば、何らかの意味で、誰かに呼ばれなければやっていけない。それは職業上であろうと、家族や地域の人やボランティア仲間、誰であってもかまわない。名前を全く呼ばれないということは社会とつながっていないということだ。

私には楠木新というペンネームがあり、編集者やセミナーの主催者とメールなどでやり取りしているのでなんとかもっている。それがなければちょっと耐えられないかなと感じている。やはり人は一人では生きていけないからだ。

丸1年後の通勤電車

定年退職から丸1年経った同じ日に、在職当時に通っていた同時刻の同じ車両の電車に乗ってみた。始発駅から遠くなく、あまり混んでいないので、見覚えのある顔が何人かいた。久しぶりで意外に思ったからか、ある人は私に軽く会釈《えしゃく》をしてくれた。いつも経済新聞を四つ折りにして読みながら周りをきょろきょろして座っている中年男性だった。今はスマートフォンを握りしめてわき目も振らずに熱中していた姿がおかしかった。

彼は「いやあ、ご苦労さま。定年になったのですか?」といった表情で語りかけてくれたように思えた。また別の男性会社員は、「この間まで、電車に乗っていたアンタやんか」という目で私を見ていた。私がジャンパー姿だったので気になった様子だった。

どこの組織にも属さずに1年経った。このような無所属の時間を過ごしたのは幼稚園に入園する前の5歳の時以来だ。その後の55年間はどこかの学校か、会社に属していた。会社や学校内の窮屈なルールや、人間関係に左右されることがなくなったという意味では解放された気持ちが強い。長く勤めるなかで、知らず知らずのうちに組織の鎧《よろい》が重くなっていたのだろう。私が書いた著作をすべて読んでいるという後輩は、「退職してから書いている内容が徐々に過激になっている」と指摘してくれた。私は全く意識していないが、そういうこともあるかもしれないと思っている。

その反面、毎日社員が集う会社というのは、なんとも居心地のいい場所だったという思いがある。自分は孤独には強いというか、一人でいることが苦にならないタイプだ。それでも原稿執筆は一人だけで進める作業なので、同僚との他愛のない無駄話や終業後に飲みながら騒ぐ機会がないことに淋しさも感じている。

同じ通勤電車、同じ仕事、同じ同僚、変わらないランチ、それらをあと5年間も続けるのは嫌だと思って定年退職を選択した。しかしその時に否定していたものが懐かしくなるのだから面白いものだ。

会社生活を総括するのは一筋縄ではいかない。もちろんどんなことにも居心地のいい面もあるし、そうでないこともある。光とそれに伴う影は付きものなのだろう。しかし人との関わりが薄れていることだけは間違いない。

こういう課題意識もあって、定年後に退職者はどのように活動しているのかを自分で動きながら把握することにした。

パーソントリップ調査
第5回東京都市圏パーソントリップ調査（東京都市圏交通計画協議会、2008年〔平成20

年」実施）は、「どのような人が」「いつ」「どのような目的で・交通手段で」「どこからどこへ」移動したかについて幅広い調査をして1日の動きを捉えている。人がある目的を持って、ある地点からある地点へと移動する単位をトリップとしている。

調査データを元に、都市圏の交通実態を総合的に把握・分析し、望ましい交通体系のあり方を検討するためのものだ。欧米諸国でも実施されている調査手法だそうでサンプル数も34万世帯票を回収している。

この調査を元にした報告書の目的別の移動を見れば、男性の「自宅―通勤」は、25歳から59歳までは27％から31％でほぼ変わらないが、60歳から64歳では20％、65歳から69歳では11％と激減する。定年退職者の影響が如実に表れていることが推測される。

また女性は、「自宅―通勤」は、25歳から29歳までが26％で最も高く、30歳から59歳までは多少の変動を伴いながら15％から19％の範囲内である。25歳から29歳までとそれ以降との差異は、仕事を辞めて家庭に入った人の割合が反映していると思われる。そして60歳から64歳では10％、65歳から69歳では5％とやはり男性と同じく激減する。

一方で、「自宅―私事」は、男性は59歳までは5％か6％でほぼ一定なのに対して、60歳から64歳では13％、65歳から69歳では21％と激増している。定年退職者が移動する効果が割合に反映していると言っていいだろう。

これに対して女性は、30歳から59歳までは20％前後でほぼ一定なのに対して、60歳から64歳では26％、65歳から69歳では30％と、男性ほどではないがやはり増加している。

調査によると、1998年（平成10年）から2008年（平成20年）にかけて、非高齢者（65歳未満）のトリップ数は微減であるが、高齢者（65歳以上）のトリップ数は2008年では10年前に比べて倍増しており、高齢化社会の進展がこの数値からもうかがえる。

また調査では、非高齢者の代表交通機関は鉄道であるが、高齢者（65歳以上）のそれは自動車などにとって代わられる。仕事を辞めた高齢者が自宅近くで活動している例も多いのだろう。

このような全体の数値も見ながら、定年後に退職者はどのように活動しているのだろうか、もし自分が朝から何もすることがなければどこに行くだろうか、と考えて動き始めた。

図書館で小競り合い

まずは休職中にも通った地元の図書館を訪れた。朝の10時開館の少し前に行くとすでに7、8人の男性が玄関前にある椅子《いす》に座って待っていた。全員が60代、70代と思《おぼ》しき男性だった。もちろん定年退職者ばかりとは言えないが、60代と思われる男性たちは私の目には元会社員であるように見えた。

10時になって扉が開くと、全員が新聞コーナーに行く。全国紙とスポーツ新聞を合わせると人数分はあるので、各自1紙ずつ手に取って読み始める。

他には利用者はいないので、近くの椅子にゆったり座りながら数紙の新聞を持ち回りで読んでいる。一人の男性が経済新聞を長く読んでいたので、他の男性が「もう少し早く読んでくれないか」と話しかけると、株価のページを読んでいた手を止めて「順番に読んでいるのだから仕方がないだろう」と言い返して、軽い小競り合いになった。館内に一瞬緊張感が走ったがそのまま収まった。

別の日に、同じように開館前にこの図書館に行ったが、やはり7、8人の男性が待っていた。同じメンバーは前回の半数くらいだった。以前に小競り合いをしていた2人もいた。自宅から近い図書館であれば新聞を読み、本を借りるのにも便利なのであろう。

地域にあるハローワークはそれほど混雑しているわけでもなく、利用者は必ずしも高齢者が多いわけではない。定年退職者と思しき人は時折見られるが、パソコン画面を少し見て帰る人も多く、雇用保険（いわゆる失業手当）の受給の要件を満たすために来ている人が少なくない。また、支給の手続きは前もって時間が振り分けられていることもあって、特に定年退職者の姿が目立つことはない。

また、住宅地に近い大型ショッピングセンターでは高齢の男性を見かけることが多い。平日は広々としてスペースは閑散としており、ゆったりとしたソファーに座っているのはほとんどが高齢の男性だ。住宅地にある喫茶店にも定年退職したと思しき人は少なくない。子どもを連れたママ友たちとは対照的に、一人で新聞や週刊誌を読んでいる人が多い。

また住宅地近くにあるハイキングコースに行く人たちを観察していると、平日は高齢者のグループがほとんどである。休日になると若い人のグループと高齢者のグループが併存する。ただ、ほとんどが同世代だけのグループであることが特徴で、世代を超えたグループはボーイスカウトのような団体などごく一部である。

スポーツクラブは大盛況

住宅地に近いターミナル駅にあるスポーツクラブは、開館の午前9時には長い行列ができる。男性、女性を問わず高齢者が並ぶ姿は壮観でもある。私もこのクラブに加入して通ってみた。

午前中は見事なまでに高齢者が中心である。社会的な一つの施設だといっていいだろう。なお70歳くらいになると、外見からだけでは会社勤めが長いかどうかを推測するのが難しくなる。10年もすれば会社員らしさは消失するのである。

定年退職するまでは、スポーツクラブは勤務時間後に汗を流す場所かと思っていたが、認識を改めさせられた。高齢者が目立つ午前が終わり、午後になると主婦層だろうか女性の姿が少し目立つようになり、夕刻以降は仕事帰りの若い男女の姿が目につく。そういう意味では朝からフル回転である。

風呂に入ってから体を動かしてみようと、朝9時の開館と同時に入って、いの一番に風呂場に行くと、すでに2人が湯船に浸《つか》っていた。広いお風呂に入るために来ている高齢者の会員がいることを知った。

以前、利用者の要望を掲示するボードに、「スポーツクラブだと思って入会したのに、ここは養老院なのか」と批判する意見が書かれた用紙が貼《は》られていたことがあった。それに対して、クラブ側は「この施設はいろいろな世代の人に利用してもらう」と回答をしていたのを覚えている。こんな意見はわざわざオープンにしなくてもいいと思ったが、それを書いた女性の気持ちは分からないでもなかった。

平日の昼間であれば何回使っても定額のコースがあり、利用者の話を聞いていると朝から夕刻近くまでクラブで過ごしている人もいる。サウナや浴場もあるので「昼食を持ち込めば本当にゆっくり過ごせる」と言う定年退職した男性会員もいた。

これらのスポーツクラブや一部の大型ショッピングセンターを除くと、住宅地で居心地よく過ごせる場所はそれほど多くはない。先ほどの図書館や公民館、喫茶店くらいだ。かつてより中高年以上の男性の姿は増えているが、住宅地はまだまだ女性と子どもの街という感じで、午前中に定年退職したばかりのオジサンがぶらぶらしていると目立つのも事実である。

都心のカフェで定点観測

自宅近くの行き先として、図書館、大型ショッピングセンター、スポーツクラブ、喫茶店、ハイキングコースに行く人たちを見てきた。先ほどのパーソントリップ調査を見ると、利用する交通機関は高年齢（65歳以上）になると、鉄道が減少して自動車やバスが増加している。ただ鉄道も16％と比較的高いので、鉄道を利用して都心に出るパターンも相当数はあると思われる。この調査は東京都市圏を対象にしているが、大阪圏でもそれほど変わらないだろう。

その前提で定年退職者と思しき人を求めて大阪市内を回ってみると、多くはないものの、それらしき人を確認することができる。ただ、見つけることができる時間は限られる。午前中にはなんとか探せるが、午後になるともう分からない。

午前9時半くらいまでは仕事場に行く人や自営業の人たちの通勤時間と重なるので定年退職者らしき人を見つけることはできない。ただ10時ぐらいになると、街中では人の流れは極端に少なくなり、会社を引退したと思われる人の姿がやや目立つようになる。

もちろん外見から定年退職者かどうかは分からないが、組織に長く勤めていた人はなんとなく雰囲気で分かる。自営業の人とは異なっている。私も定年退職者なので同じにおいがするのだ。

リュックまたはショルダーバッグを肩にかけて、靴はウォーキングシューズを履いている人が多い。ビジネスかどうかの区分は靴が一番見分けやすい。手提げのカバンを持っていないことも一つの特徴だ。帽子をかぶっている人も少なくない。電車内では携帯やスマホではなく本や新聞を読んでいる人がやや目立つ。

定点の観測地点として、喫茶店・カフェを回ることにした。昼休みや夕刻に混むところでも午前9時半から12時前まではどこも空いているので人の動きがよく分かる。また席に座ってどのように過ごしているかも見えやすい。

対象としては、ハンバーガーショップ、フランチャイズのカフェ、やや高級な外資系カフェ、高級な喫茶店を対象にした。また喫茶店・カフェ以外でも、映画館、カラオケ店、証券会社や銀行の窓口、書店、百貨店、スーパー銭湯なども回ってみた。

大手ハンバーガーショップの午前中は年配男性の一人客が多かった。おそらく100円でコーヒーが飲めて時間を過ごせるからだろう。席と席との間が狭く、椅子も背もたれがほとんどない。

ただ声をかけるのには適していて、「最近リタイアされたのですか?」とか聞いてみると

「そうです。昨年退職してときどきここにきています」といった会話を交わすことができる。「この椅子だと長い時間座れないのでセルフ式のコーヒーショップに行くことも多い」とか「高級な店でモーニングを頼むのがゆっくりできて一番いい」という人もいた。

フランチャイズのカフェも午前中は閑散としているので高齢の男性の姿がちらほら見える。日刊紙やスポーツ紙を広げている人、本を読んでいる人、何もせずに煙草をくゆらしている人など、過ごし方は様々だ。さすがにカフェでは気軽に話しかけることは簡単ではない。

常に満員の外資系カフェでも、平日の午前中だけは比較的すいている。しかし60歳を越えた男性の姿はあまり見かけない。若い人御用達という感じがあるので入りにくいのかもしれない。商用の打ち合わせや資格獲得の勉強のために来ている人が多い。土日は勉強する若い人たちで午前中もいっぱいだ。

この外資系カフェには、ノートに何かをせっせと書き込んでいる60代半ばくらいの男性がいた。彼はほぼ毎日来ていた。たまたま隣に座ったので分かったのだが、経済新聞の株価や為替《かわせ》の数値を細かくノートに書き込んでいた。スマホではなくて新聞とノートで情報と格闘していた。

午前中は高級な喫茶店がモーニングをやっているので、退職者と思しき人を見かけることが少なくない。そこでは店に置いている週刊誌や新聞を時間をかけて読んでいる人が多い。

ジーパンかスラックスを履いて、リュックやショルダーバッグを席の横に置いている。

店のグレードを確保するため、寝ることは禁止になっているのだろう。眠ってしまって店員さんに注意されて、「分かった、分かった」と言いながら、しばらくするとまた寝入ってしまうオジサンもいた。この人は後日にも見かけたが、やはり眠っていて注意されていた。ナルコレプシー（眠り病）ではないかとか、店員さんに相手になってほしくて無理に寝ているのだろうかとか、いろいろ連想してしまうオジサンだった。

ゆっくりできるせいか、囲碁の手が書かれた用紙を見ながらパソコンと格闘している人や、カラオケ店にある分厚い歌の冊子を1ページずつめくりながらノートにメモを取っている年配の男性もいた。何をしているのか非常に興味が湧いたが、一つ離れたテーブルだったので話しかけることはできなかった。

大阪の中心街の喫茶店を一つ一つつぶしていくと、定年退職者が入りやすい店とそうでない店の区別がつくようになってくる。

定年退職者を探せ

かつては証券会社の窓口にも多くの年配の男性が来ていたが、今は外部から顧客の様子が分からないように仕切りをしているので状況がつかめない。ただ、ある証券会社の管理職に聞いたところ、窓口に相談に来る人が増えている店舗では、中心戦力の営業には取引の可能性が高い顧客を担当させて、主に相談にだけ訪れる顧客にはパート、スタッフなどを新たに採用して対応に当たらせているという。住宅地にある店舗はそういう傾向が強いだろうと語ってくれた。

第1章でも述べた「退職金特別プラン」のこともあって、各銀行の窓口にも行ってみたが、一般の銀行は事務手続きをする場所という意識が強いのか、それほど姿を見かけなかった。信託銀行には比較的多くの年配の男性が訪れていた。行員に聞いてみると、従来から投資運用に取り組んでいる人に加えて、最近は相続税の相談で来店する人も多いという。60歳過ぎの定年退職者は、来店者の中では若い部類に入るそうだ。

百貨店の紳士服売り場も午前中はほとんど人がいないので店員ともゆっくり話せる。こちらに来ている高齢の男性は時間つぶしというよりも、落ち着いて買い物ができるのが目的に見えた。女性店員が丁寧に話しかけてくれるが、冷やかしだけで歩くには結構プレッシャーになる。

映画館も一人で入っていく男性は少なくないが、それほど多くの人数ではない。不動産会社の社員が「昼間はカラオケ店に一人で来ている男性が多い」と話していたが、大阪駅周辺ではそれほど目立たなかった。住宅地に近い店の話なのだろう。

私が朝10時過ぎに大阪駅近くにある理髪店に行くと、すでに7、8人が店内にいて順番待ちになっていた。店の人に聞くと毎日朝一番は混んでいて、10時にシャッターを開ける時には店の前で待っている人が数人いる。「サンデー毎日」の年配の男性ばかりだという。朝一番で散髪をしてから街中を巡る人が多いらしい。

彼によると平日よりも土日の方が並んでいる人は多い。「平日がゆっくりできますよ」と言うと、「せっかく家から出てくるのだから、にぎやかな日がいい」という回答が返ってきたそうだ。たしかにその気持ちも分からないでもない。大阪の都心でも平日の人通りはそれほど多くないからだ。また午前中のスーパー銭湯などでは中高年の男性が多い。

地元の図書館と比較する意味で、上京した時に日比谷《ひびや》図書文化館の開館時間前に行ってみた。12月の小雨交じりの日だったが、10時の開館時間には27人の人が待っていた。ただ、定年退職者と思しき人は半数もいなかった。また全員が新聞コーナーに行くことはなく、6人だけだった。年配の男性が多かったが、若い人も交じっている。受験や資格試験の勉強のために来ている人が多くて、しばらくすると眺めのよい窓際の席はテキストを広げる若い人でいっぱいになった。

それぞれの場所における定年退職者と思しき人たちの特徴を一言で言えば、誰もが独りぼっちだということである。午後になれば高齢者のグループがカフェなどで話している姿を見ることもあるが、それは稀《まれ》なケースだ。

毎日毎日、定年退職した人を求めて歩いていると、朝になって目が覚めたら私自身が行くところがなくて出かける場所を探している気分になってきた。原稿を書いていると言っても孤独な作業なので、寂しいという意味では共通しているからだろう。

カルチャースクールの講座にも行ってみたが、どの教室も女性は割とわいわい楽しそうにしているが、男性はやはり一人で話を聞いている人が多かった。

こうして見てくると、スポーツクラブが混み合っているのも理解できるようになってきた。スタジオでの体操教室、プールでの水泳教室もあって仲間も自然にできやすい。教室の時間割が自分の曜日感覚の基本になっているという男性もいた。

トレーナーとの会話も自然にできるので居場所の役割も果たしている。しかもサウナや風呂もあるのでゆったりできる。弁当を持ってきて朝から夕刻まで過ごす人がいるのも理解できるのである。

しかしそのスポーツクラブも、どうしても行かなければならないわけではない。自分の意思で決めることができると言えばかっこいいが、自らの役割があって誰かのために自分がクラブに出向くわけではない。そういう意味ではやはり独りぼっちなのである。

今まで40年も企業社会の中で朝から晩まで共同作業をやってきた人たちが、いきなり一人になっては力を出せず意欲も湧かないのも当然であるように思えてくる。

クレーマーは元管理職が多い？

地元の住宅地や都心を回っている時に、高齢の男性が店員などにクレームをつけている場面に何度か遭遇したことがある。もちろん、彼らが定年退職者だというのは私の推測である。

私鉄のサービスセンターで運賃の精算をしようと思ったら、私と同年配の男性が駅員に食ってかかっていた。詳しい内容は分からなかったが、券売機の切符であれば定期券との差額の精算をすることができるが、ICカードでは定期券の区間の差額精算ができないことに腹を立てている様子だった。恐縮しながら無理だと告げる駅員を怒鳴りちらし、「それを書いている約款《やっかん》をここに出せ」などとえらい剣幕だった。怒っている本人はいくらでも時間があるのかもしれないが、駅員や待っている私にはそれほど余裕がない。

他の駅員が対応してくれたからよかったが、私の精算が終わっても彼はまだ文句を言い続けていた。男性の住所と名前を聞けばひるむのではないかと思いながらサービスセンターを後にした。

この話をすると、ある出版社の編集者は、クレームの電話がときどきかかってくることを語り始めた。その大半はシニアの男性で、「本の誤植を見つけた」ということや、「あの本のあそこの見解はおかしい」だとか、「あの意見は納得できない」というような内容もあるらしい。もちろん名前や元の勤めていた会社名などは名乗らないが、電話のやり取りのなかで会社の管理職だったことが分かることも多いそうだ。総じて電話の時間が長いという。

またある企業の顧客対応の責任者に話を聞くと、苦情を申し出るお客さんの中には大手企業の元管理職が少なくないと語っていた。別の販売会社の顧客対応の担当者も同様のことを言っていた。面白かったのは、二人とも自社のOBからの厄介な苦情もあると語っていたことだ。

別のメーカーの人事担当者は会社のOB会の窓口を担当している。年に1回ある会合では、小言をいただき、説教めいた話を聞かないといけないので、あまり出たくはないそうだ。彼らは先輩だという姿勢で会社に対して要望をぶつけてくるが、その担当者の上司である現役役員は彼らを相手にしたがらないため、間に挟まって苦労することが多い。

OBたちは、かつて権限を持っていた当時の立場を思い返したいのだろうと彼は言う。退職して数年経つのに、社内の人事異動についてもああだこうだと言う人もいるらしい。彼らは現役時代と変わらず元気であるが、くどくなる人が多いことが気になるのだそうだ。

この文章を書いていた日に、スポーツクラブの職員が忘れ物などの確認をするためにロッカーのドアを「バタン、バタン」と開け閉めをしていた。その音を聞いて「うるさいなあ」と文句を言っている70歳くらいの男性がいた。悪気はないのだろうが、彼の不機嫌そうな顔を見ていると、日頃の生活に満足していない気分がクレームになって表に出ているのだと推測された。

「元気な人は同期で1割5分」

60代半ばの先輩と話していて、その人が参加する同期会の話題になった。同期は全体で100人近くいて、開催すると30人くらいは集まるという。各自が現在の状況や身の周りの出来事などを話し合うと、3時間くらいはすぐに経つそうだ。

彼に率直に、「イキイキした生活を送っている人の割合はどのくらいですか？」と聞いてみると、少し考えて「全体の1割5分くらいじゃないか」と答えてくれた。同期会に出てくるのはまだ元気な人だろうとも語っていた。

彼は現在65歳。50歳の時に外資系企業に転職する予定であったが、相手側企業の環境の変化によっていったん白紙に戻った。その後も準備を続けて、結果的には55歳で早期退職して事業を立ち上げた。同窓会では、彼のように定年前に退職したメンバーでも参加できるようになっている。年齢も65歳になれば、本社で役員になった人もほとんどが引退して全員が第二の人生を歩んでいるという。

多くのメンバーは「忙しい、忙しい」と話し、裁判所の調停委員をやっている人も複数いるという。調停委員は裁判官または調停官とともに当事者双方の話し合いのなかで合意を斡《あっ》旋《せん》して紛争の解決に当たるのだそうだ。ただし、どれくらいの頻度でやっているのかと聞くと月に1、2回ほどだという。それを聞き、先輩は「それほど忙しいことはないじゃないか」と思ったそうだ。また、参加者が「声高に自分のやっていることを説明するのが不思議だ。自分で納得していることはあえて大きな声でしゃべらないはずだ」と彼は言う。

たしかに私も男性の定年退職者に話を聞いている時には「毎日忙しいよ」という言葉を繰り返し聞いた。その時に違和感を感じていたが、彼の話を聞いてやはりそうだなと思った。

彼に、元気な1割5分の人たちは何をしているのかと聞いてみると、在職中に転身して大学で教えている人、出向先から若い人の面倒を見る組織の理事に就任している人、学生時代に取り組んだ楽器の演奏を再び始めた人などだという。起業して現在は一段落ついた彼もその一人だろう。

彼の話から元気な人の共通項を探ってみると、教育関係に取り組んでいる、若い人に何か役立つことを持っている、若い頃の自分をもう一度呼び戻している、などを挙げることができそうだ。また会社の仕事だけではなくて、それ以外の何かに取り組んでいる人という条件も重要ではないかと感じた次第である。

米国の定年退職者も大変

「アバウト・シュミット」という米国映画（2002年〔平成14年〕公開）をご存知だろうか。名優ジャック・ニコルソンが演じる主人公シュミットが、保険会社の部長代理で定年退職日の終業を迎える。彼は60代半ばである。

その夜、彼のハッピーリタイアメントを祝う会がレストランで盛大に行われる。妻と一緒にメインの席に座り、昔からの友人や仕事の後任者からスピーチを受ける。後任者はいつでも会社に遊びに来てくれと言い、仕事の指導もお願いしたいと述べる。

彼は妻と、今は離れて暮らす娘との3人家族で、仕事一筋の真面目《まじめ》な男だ。会社中心の生活リズムが染みついていたせいか、退職後は手持ち無沙汰《ぶさた》になる日々が続いた。家では部屋で横になってテレビのリモコンをパチパチしてチャンネルを変える姿がスクリーンに現れる。これは日本でも米国でも変わらないようだ。

退職後にシュミットが会社に立ち寄ると、「いつでも来てくれ」と言っていた後任者は忙しいからと嫌がる態度を見せる。また自分が作成した引き継ぎ書類がダンボール箱に入れられたまま放置されていることを知ってショックを受ける。

彼はテレビ・コマーシャルでアフリカの子どもたちを援助するプログラムを知り、6歳の少年ンドゥグの養父になって、少年に手紙を書くようになる。

まもなくして妻が急死してしまう。妻の手紙を整理していたシュミットは、彼女と親友が過去に不倫をしていたことを知り、親友に対して怒りをぶちまける。その後、彼は家で独りぼっちになって、食事の片付けもせずに無気力な日々を過ごす。

シュミット自身もこれではいけないと思い、「人生は短い。無駄に過ごすわけにはいかない」と自ら車を運転して旅に出る。自分が生まれた土地や通った大学にも行ってみるが、過去のいい思い出は蘇らず、逆に厳しい現実が次々とシュミットを襲う。

また一人娘の婚約相手の実家を訪ねてみると、婚約者本人もその家族もどう見ても彼にはまともには見えない。娘に結婚をやめるように諭すが全く耳を貸さない。結婚式で心にもないスピーチを終えると、すぐにシュミットはトイレに駆け込み、自らの怒りを鎮めるのがやっとだった。

結婚式を終えて帰宅したシュミットは、留守中に届いていたチャリティ団体からの手紙を見つける。その中にンドゥグが描いた太陽の下で手をつなぐ人の絵があった。それを見た彼が思わず涙を流してしまうのがラストシーンだ。

シュミットの日常の姿を淡々と映し出しながら、彼の戸惑いと孤独を見事に描いている。日本にはここまでリアルに定年後を扱っている作品はないだろう。

最後の場面は感動的ではあるが、一人になったシュミットに対して新たな助け船は出ない。自分自身で人とのつながりを築いていかなければならないことを暗示しており、後味にも厳しさが残る作品になっている。

私は10年以上前にこの映画を見ていたが、自身が定年退職したうえで改めて鑑賞するとすべての場面でシュミットと自分を置き換えてみることができた。

自立して個人で生きていくスタンスが強い米国の老人の方がより大きな孤独に耐えなければならないのではないかと感じた反面、誰かを頼りにしていて一人で生きていく覚悟ができていない日本の定年退職者の方がさらに大変かもしれないと思った。定年後の孤独や家族の存在の大切さを考えるには、この映画は最高の教材であるかもしれない。

悠々自適は似合わない

定年退職すると、「第二の人生では思い切り好きなことができていいですね」などと気楽に言う人も少なくない。平和で豊かな日本で自由な時間がいっぱい手に入るのだからそう思ってもおかしくはない。

しかしながら、私が話を聞いた人たちは、退職することによって生まれた時間をどのように過ごしてよいのか分からずに戸惑っている人が少なくなかった。

ただ多くの人はプライドがあるので、自分の弱みにつながる姿をオープンにはしない。「毎日が結構忙しくてね」「今、〇〇のことをやっているのだ」と先ほども述べたように、自分が取り組んでいることをことさら大きな声で吹聴《ふいちょう》する人もいる。統計数値もないので本当のところは分からない。

ただ私の問いに正面から答えてくれた人たちの中には、「毎日やることがなくて困っている」「一番自由な今が一番しんどい」「家で居場所がない」「暇になったのに焦る」「嫌な上司もいないよりはマシ」などと語られる。

なかには「このままの毎日が続くと思うと、自分の人生は何だったのかと思う時がある」とまで語ってくれた人もいる。現役当時のはつらつとした姿は影をひそめ、経済的には困っていないのに窮地に陥っている人もいたのである。

こうした感情が積み重なってくると、顔つきにも生気が失われて、シュミットのようにテレビの前から動かなくなり引きこもりがちになる人もいる。男性を中心に述べているが、会社本位の働き方をしてきた女性にも同様な状況になる人もいるだろう。

話を聞いていて感じたのは、会社の中で30年も40年も働いてきた人で、あり余る時間を有効に使い悠々自適に過ごせる人は少ないということだ。毎日毎日通勤電車に揺られて出勤して、朝から夕刻または夜中まで与えられた仕事を常にこなしてきた人は、本来何かをやらずにはいられない性質の人が多いのではないか。「定年退職者は、辞めても週に何日かは拘束される時間がある方が安定できる」との総合商社ＯＢの発言は至言だと思うのである。

ゴルフが趣味だからと、地元に帰ったのを機にゴルフ会員権を取得した先輩は、月に何回もコースに出ているらしいが、勤務の時のような楽しさは感じなくて「ちょっと難行のようだ」と語っていた。「定年になったら釣り三昧」と話していた先輩も、在職中よりも行かなくなったそうだ。

もし70歳までにお迎えが来るのであれば、引退後少しゆっくりして隠居生活を決め込むことができる。ところが平均余命を考えれば、60歳で退職してもあと20年以上の時間が目の前にある。80歳を越えて生きることは頭の中では理解していても、その間をどう暮らすかまでは具体的に考えが及ばない。寿命の延びがあまりにも急激だったので、意識や生活がそれに追いついていない。

しかし考えてみれば、こんな長い寿命を獲得できたのも、どう生きていくかを自分で決めることができることも、日本の歴史始まって以来のことだと言ってもいいのではないだろうか。個人も社会も延ばしてきた寿命の中身を充実させる段階に来たと言える。量から質への転換が求められているのだ。「定年後」の問題はその中核のように私には思える。

第3章　亭主元気で留守がいい

日本人男性は世界一孤独？

経済協力開発機構（ＯＥＣＤ）が２００５年（平成17年）にまとめた調査報告書（"WOMEN AND MEN IN OECD COUNTRIES"）がある。その中の「社会的孤立（Social isolation）」という項目は、仕事以外の日常生活において、友人や同僚とスポーツや教会、文化的なサークル活動に参加した経験を聞いている。この結果を示しているのが図2である。

調査対象の加盟国21か国の中で、日本人男性は「全くない」「ほとんどない」が16・7％と最多で、2位のチェコ人男性（9・7％）を大きく引き離した結果になっている。

この調査結果を受けて、ジャーナリストの奥田祥子《おくだしょうこ》氏は、著書『男という名の絶望』の中で、40代、50代を中心に多くの男性を取材してきた経験から、「男たちの孤独感はなおい

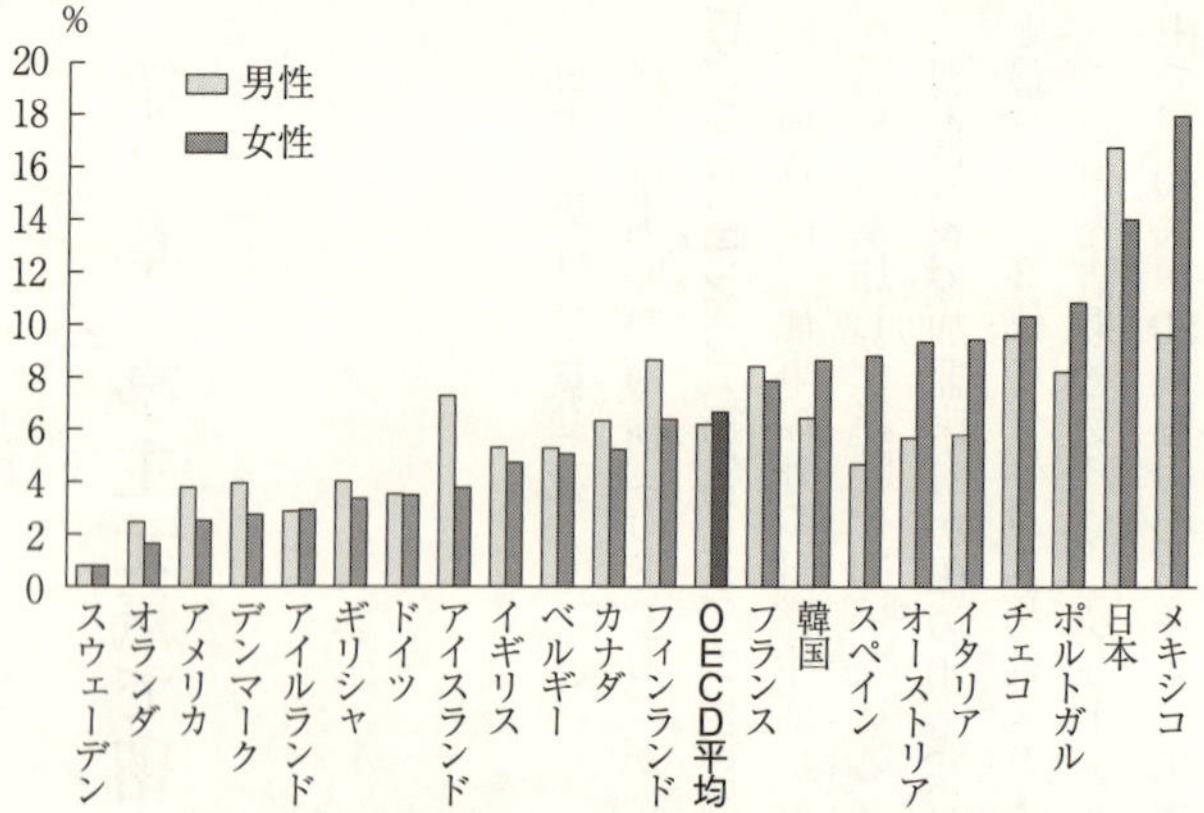

図2　社会集団において友人や仲間などとほとんど、あるいは全く過ごさない人の割合　出典はOECD "WOMEN AND MEN IN OECD COUNTRIES"

っそう高まり、社会的孤立にまで深刻化している」と書いている。

一方で、同じ報告書の同内容を受けて、社会学者の水無田《みなした》気流《きりう》氏は、著書『「居場所」のない男、「時間」がない女』の中で、日本の男性は突出して「孤立化リスク」は高いと指摘して、それは日本人の男性が就業以外の社会参加に乏しいという社会的背景によるとしている。

この調査から、奥田氏は日本人男性の社会的孤立を読み取り、水無田氏は日本人男性の孤立化リスクに焦点を当てている。

私は、日本人男性がことさら孤独であり、孤立化しているとは思わない。ここでのポイントは、この図が「仕事以外の日常生活」を対象にしていることである。

つまり日本人男性は、会社を中心とする組織内での上司や同僚、部下との関係を含めて考えればむしろ濃密な人間関係を築いていると言えなくもない。しかし、会社以外の場での人間関係は薄いのである。そういう意味では、定年退職は、水無田氏の言う「孤立化リスク」を顕在化させる最も大きな要因であると言っていいだろう。転職や起業・独立の場合は、次の仕事での人間関係が存在する。しかし定年退職の場合は、仕事も今までの人間関係も同時に消失する可能性が高い。既述の通り、定年は主体的意思に伴って退職するものではないことが多いからだ。

定年後、日本人男性は本当に世界一孤独になるのである。

定年前後のギャップが課題

定年後の課題を一言で言えば、定年退職前後のギャップが大きすぎるということだろう。毎朝6時に起床して、7時の電車に乗って出社して、残業をこなしてちょっと一杯飲んで家に戻ると夜10時過ぎ。そういう生活を40年近く続けてきたのち、定年退職日を境に、朝から全く自由で、何もやることがない生活に移行する。

生じた自由な時間を楽しく過ごすことができればいいが、何をしていいのか、何に取り組んでいいのか分からなくなる人が少なくない。そして逆に焦ってしまう。もう一度、社会とつながりたいと願って再就職を目指しても年齢の壁にぶつかる。

この定年前後のギャップを埋めるには、定年前の会社中心の働き方を修正するか、定年後の生活を変えていくかのどちらかの対応になろう。

1990年代後半以降、従来の日本的雇用慣行は変化しているにもかかわらず、個人の側からの自律的なキャリア形成はそれほど進んでいない。会社本位スタイルとも呼ぶべき、会社勤め中心の働き方（ライフスタイル）が依然として強く存在している。特に歴史ある会社においてそうである。

このような会社本位の働き方が高じると、過度に組織への帰属を強めてしまい、長時間労働、サービス残業、持ち帰り仕事など労働のダンピング化が生じる。

過労死事件に詳しい弁護士の川人博《かわひとひろし》氏は、「（日本の）中高年労働者の過労自殺は、直接的には、過労とストレスから起こるものであるが、その根底には個人の会社に対する強い従属意識があり、（中略）これを『会社本位的自殺』と呼ぶことが可能であろう」と述べる（同氏著『過労自殺』）。過労自殺というやや極端な例を対象にしているが、根本は、私の言う会社中心の働き方と同じものであると思われる。

源氏鶏太《げんじけいた》から最近の作家まで、数多くの会社員小説を分析検討した作家の伊井直行《いいなおゆき》氏は、『会社員とは何者か？　会社員小説をめぐって』の中で「（会社員になることは）会社＝法人企業という排他的なクラブの正式なメンバーの一員になることであり」「会社員は好むと好まざるとにかかわらず、働いている間は会社と一体化している」と述べている。

こういう就労中心の働き方は高度成長期からバブル期の間に醸成されてきたものである。昨今の定年退職者はまさにこういう時代のもとで働いてきたのである。

そうなるとどうしても生活実感を持ち得なくなって、定年後の自分の着地場所が分からなくなる。また新たに見つけるのにも時間がかかる。

私の子どもの頃の商店主たちは仕事と生活、仕事場と住居が一体であったことを考えると、職と生活の分離という言い方もできるだろう。

高度成長期やバブル期は遠い昔になりつつあるので、私たちの子どもの世代ではこのギャップはかなり修正が加えられるようになろう。しかししばらくの間は残り続けるのである。

名刺の重み

作家の重松清氏に『定年ゴジラ』という作品がある。会社を退職したばかりの男性が互いに挨拶する場面で、「二人は同時に上着の内ポケットに手を差し入れた。しかし、ポケットの中にはなにも入っていない。（中略）もはや名刺を持ち歩く生活ではないのだ。二人は顔を見合わせ、どちらからともなく苦笑いを浮かべた」。組織で長く働いてきた元会社員の姿を見事に描いている。

定年退職するとなくなるものは結構ある。第2章でも書いたスーツ、ワイシャツ、ネクタイ、定期券や身分証明書もそうだ。しかし一番大きいものは名刺かもしれない。

会社員から転身した人たちにインタビューしていて気がついたのは、会社での立場を失った時に名刺について言及する人が多かったことだ。

長年勤めた百貨店をリストラで退職した元店長のCさんは、「名刺を持たずにビジネス街を歩く自分が、初めは許せなかった」と語り、損害保険会社の管理職からカウンセラーとして独立したDさんは、「会社員時代の肩書のいっぱい付いた名刺よりも、個人と個人で交換する名刺が、いかに大切かが分かった」と言い、外車販売の管理職からギタリストに転じたEさんは、自分の出発点であるストリート演奏にこだわっていて、「以前は、企業の名刺や肩書があって初めて自分を認めてもらえた。今は何者とも分からない自分の演奏に人が足を止め、音楽を聴いてくれる。その人たちからいただく投げ銭は重い」と語る。なかには「肩書も何もない名刺ですが」と言って私に渡す定年退職者もいた。

会社員が名刺にこだわるのは、名刺が自分の立場をコンパクトに説明するツールであり、それを通して会社と自分の存在とを一体化させやすいからだろう。名刺には、勤務する会社名、所属部署、役職、電話、メールアドレスなど、必要最小限の情報がコンパクトに収まっている。名刺さえあれば、改めて自分のことを説明する必要はない。そして会社は、組織を合理的・効率的に運営するため社員に名刺やＩＤカードを携帯させ、自社の社員であることの意識づけをしている。

また社員自らも、組織に自己の存在を埋め込んでいるので疑問も抱かない。同時にそういう一面的な立場を維持して、主体的なものを切り捨てることが昇進や昇格と結びついてきた面もある。しかし、こういう重要な機能を果たしてきた名刺が、定年後はなくなるのである。

評論家の矢野誠一《やのせいいち》氏は、新聞のコラムで「肩書きのない名刺」という小文を書いている（『日本経済新聞』２０１６年〔平成28年〕６月18日夕刊）。矢野氏は、企業トップへのインタビュー記事をかつて『毎日新聞』に執筆していた。その時に肩書のない名刺を渡すと、「トップの秘書に『あれ、毎日の方じゃないんですか』と露骨に嫌な顔をされたことが何度かあった」という。

単に個人の受け止め方の問題だけでなく、ビジネス界は所属や肩書を重視する組織中心の社会でもある。そして定年後はその組織から完全に離れるのである。

名刺を一つの例として見てきたが、このような定年前と定年後のギャップが問題の本質だと言えるだろう。

「付き合い」は消滅

それではなぜこれほどまでに会社本位の働き方になるのだろうか。もちろんいくつかの理由があるのだが、一つは日本の組織内にある人と人との結びつき方が関係している。そしてその特殊とも言える結びつきは定年退職とともに消え去る。そのため、新たな人間関係を築くまでに時間を要することになる。関係ができずに立ち往生してしまっている人もいる。

この社員同士の結びつきについて例を挙げて考えてみよう。たとえば、ある化学関係の会社の研究員に話を聞いてみると、公式の会議で上司やリーダーに対して会社の研究体制を厳しく批判する若手社員もいるそうだ。そういう社員に限って高い技能を持っていて研究熱心な人が多いらしい。

そういう批判的な発言があった時、会議を統括するリーダーは、「君の見解はもっともだ」とその場では意見を受け止める姿勢を示しながら、次の定期異動でその若手社員を他部門に異動させるという例があったという。

このリーダーは、共有する場の均衡状態を確保するために会議では若手社員の意見に同調する姿勢を示している。しかし実際には意見の当否の問題ではなく、彼は、その発言した研究員と場を共有できないと判断したのである。

こうした共有する場で仕事を進めるための態度要件を一言で言うなら、「お任せする」と

「空気を読む」の2つである。

「お任せする」ためどうしても、他人に物事を委《ゆだ》ねることになり、主体的な立場にはなりにくい。また「空気を読む」という姿勢は受け身のスタンスになりがちになる。

そしてこの共有している場の均衡状態を確保するために、入社年次や役職の上下などの序列が物を言う。日本の組織における年功序列の根拠の一つはここにある。同時にこの序列関係が個々の社員に対してさらに身動きをとりづらくさせている。

この共有する場に参加していることが、組織内で円滑に仕事を進める要件になっているので、社員はこの場から離れてしまうことを恐れる。村八分が一番怖い。だから海外駐在や出向をしていても「親元」の部長との関係に特に気を使うのである。また家族に対しては「付き合いがあるから」という発言になって表れる。

空気を読むためには、微妙なニュアンスを把握する必要があるので、常に仲間の輪に入っていなければならない。この共有の場は、各社員が互いに助け合うという機能を持っているが、社員が会社から離れて何か物事をなそうとする時には大きな制約になる。組織で働きながらフリーランスの仕事をしてきた私もそのジレンマを感じ続けてきた。この共有の場で身につけた受け身の姿勢が、定年後に新たな働き方や生き方を求めることも難しくしてしまうのである。

さらに厄介なことに、この共有の場は、上司が意図的に作り上げたものではなく、人が集まると自然に出来上がるものなので、排除しようと思ってもそう簡単ではない。

在籍する社員であれば、無理にこれを改善しようとしたり除去しようとするよりも、会社から離れて、自分なりの得意なもの、誇れるもの、心から安らげるものを作り上げることが共有の場を活かす近道になる。そして定年後に向けての一番の対応策につながるのである。

会社は天国？

定年退職して1年半経った頃に、学生時代の同窓会があって、当時のクラスの仲間が集まった。年齢的には61歳、62歳だが、ほとんどがまだどこかの組織で働いていた。無所属だったのは私を含めて3人だけだった。

新入社員から勤めた会社や役所にそのままの形で残っている人はほとんどいない。役所の関連団体で働く、元の会社の子会社で働く、雇用延長を選択して働く、家業を継ぐなどである。60歳で退職して引退を決め込むのは全体では少数派だ。

無所属の3人のうちの1人が、「そろそろ、もう一度働こうかな。やっぱり仕事が一番面白い」と切り出した。もう1人は「俺はまだ退職して半年なのですぐに仕事をするつもりはない。でもその気持ちは分かるなあ」と相槌《あいづち》を打った。私にも2人の気持ちはよく理解できた。大学を留年していた年に「ずっと遊ぶのは難しい」と言って就職先を決めた40年近く前の学生時代を思い出した。

隣に座っていた同級生は、「悠々自適ができると思われる３人ですらそういう発言をするのだから、会社とはいかに天国であったかがよく分かる」とまぜっ返した。

その後は、なぜ「会社は天国」なのかを冗談を言い合うように４人で楽しく語り合った。とにかく会社に行けば人に会える。昼食を一緒に食べながらいろいろな情報交換ができる。若い人とも話ができる。出張は小旅行、接待は遊び。歓迎会、送別会でみんなと語り合える。遊び仲間、飲み友達もできる。時には会社のお金でゴルフもできる。規則正しい生活になる。上司が叱《しか》ってくれる。暇にならないように仕事を与えてくれる。おまけに給料やボーナスまでもらえる。スーツを着ればシャキッとする。会社は家以外の居場所になる。などなど挙げていけばいくらでも出てきた。もちろん冗談で言い合っていたのだが、本質を突いているところもある。

会話の中では、身も心も会社組織に埋め込んでしまうからいけないのであって、一定の距離を置いて接すれば会社ほど有意義で面白い場所はないとの結論に落ち着いた。

会社が天国であるのは、定年退職したからそう思える面も大きい。ただ、定年後の状況を把握するのに今までの会社員生活を新たな目で見直すのも有効ではないかと思った次第だ。

いずれにしても定年退職後は自分で会社に代わるものを見つける必要がある。

夫の発言から家族会議

数多くの取材をしていると、家族が手を焼いている定年退職者は少なくないことが分かる。定年前後のギャップから生じる問題は、単に本人だけにとどまらず家族にも影響を及ぼす。第2章では、多くの定年退職者にはプライドがあるので、自分の弱みにつながることを簡単にはオープンにしない傾向があると述べた。これに対して、家族からの定年退職者に対する話はいろいろな方面から聞こえてくる。特に妻たちは私とは同世代なので、話を聞ける機会が多い。家族とはいえ、夫のことはしょせん他人事《ひとごと》なのか、オープンに語ってもらえる。

ある小売業で定年まで勤めた浦本さん（仮名）が、退職後はいったん何もせずに家で過ごすことになった。40年間、毎日自宅から都心に長距離通勤してきたので、とにかく一度ゆっくりしたいと思ったそうだ。

ただ、ずっと家でぶらぶらするのは性格にも合っていないことを自覚していた。また経済的な必要からも、雇用保険の受給が終了する直前から再就職に向けた活動を始めた。

しかしハローワークに何度通っても働く場所が見つからない。そうこうしているうちに妻との関係に暗雲が立ち込め始めた。会社員当時は土日も含めて昼間はほとんど家にはいない生活だった。一方で妻は自分の趣味を持ち、カルチャースクールなどで友人との人間関係もきちんと築いていた。

退職した直後はそれほどでもなかったが、再就職が決まらない状況になってから特にぎくしゃくした関係になったという。

妻が出かける時には、「どこに行くんだ?」、友人からの電話を切った後は「電話が長い」と言う。また、彼が家にいる時には食事は当然のように出てくるものだと待っている。

妻が友人との食事会で夜遅く帰ってきた時に、「こんなに遅くまで、どこをほっつき歩いているのだ」という浦本さんの言葉を聞いた時に妻もキレた。その夜は大喧嘩《おおげんか》になったという。遅いといっても彼が勤めていた時には家に帰っていなかった時間だった。

その後、妻にふさぎ込むような様子が見られたので、娘たちが心配して妻と娘2人を含めた4人で家族会議が開かれた。娘2人が、とにかくどんな仕事でもいいから探してほしいと父親に懇願した。家庭の雰囲気が重く沈んでいるので、彼女たちも仕事から帰ってきても疲れが取れなかったという。また母親の状態も心配だったそうだ。

そしてしばらくして、会社員当時の同僚の紹介でマンション管理人の仕事が見つかった。週4日の勤務で、通うにも1時間半以上かかる。それでも浦本さんは元気に働き出した。そして家にも平和が戻ってきたという。

また、夫が寝ころんでテレビばかりを見ている姿が我慢ならないと言っていた妻もいた。何かと干渉されることがあり、自分に対して威張ることもあるが、「いちいち腹を立てているとこちらがシンドイので、作業と割り切って面倒を見ている」と語っていた。彼女の子どもたちは、夫が日曜日の朝から晩までどういうテレビ番組を見るかはすべて分かっているそうだ。

「家庭内管理職」もいる

妻にあれこれ文句を言ったり、家の中でテレビを占拠して無気力になってしまうのではなく、定年退職になっても家で管理職のようにふるまう男性もいる。

「40代の会社員男性。同居する父が、管理職だった有名企業を数年前に退職後、家でも管理職のように振る舞い、困っています」という出だしで始まる相談内容は、『読売新聞』の「人生案内」に掲載されたものだ（2017年〔平成29年〕1月13日）。

息子である相談者によると、ワンマンタイプで、家の重要事項も誰にも相談せずに勝手に決める。意見などしようものならいつまでもネチネチと嫌味を言う。現役の時には興味のなかった家事にも口を出し、折り込み広告を見て「これが安い、食いたい」と主張して夕食にないと嫌味を言い出したりするという。

現役時代に会社中心の考え方や生活が完璧《かんぺき》に身についている人は、退職しても切り換えが難しい。管理職の当時は部下から面と向かって意見されることもなく、自分が偉いと思い込んでしまっている。本当はそういう人の部下は、陰に回れば馬鹿にしているのに、本人は想像力がないのでそれが分からない。ましてや地域や家庭に入れば、「会社で偉かったから」といったことは通用しない。しかしそれにも気づかない。

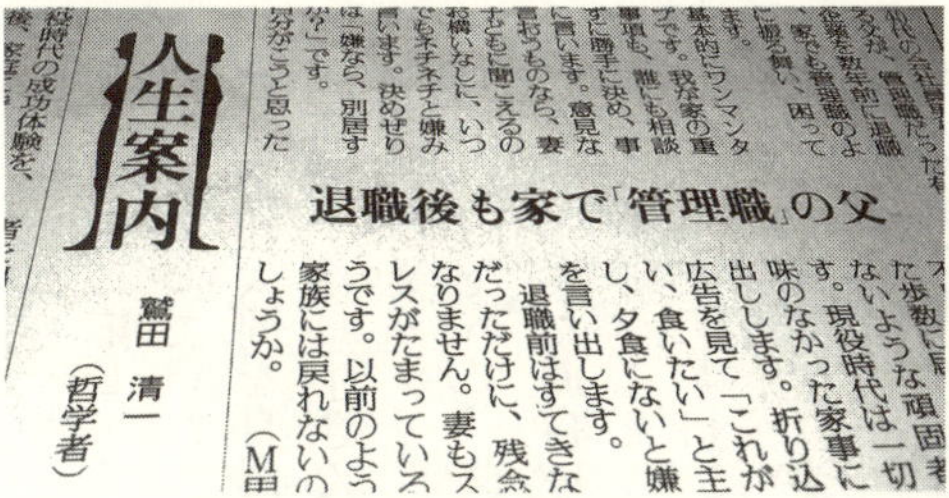
人生案内
退職後も家で「管理職」の父
鷲田　清一（哲学者）
基本的にワンマンタ
プです。我が家の重
事項も、誰にも相談
ずに勝手に決め、事
に言います。意見な
言おうものなら、妻
子どもに聞こえるの
お構いなしに、いつ
でもネチネチと嫌み
言います。決めぜり
は「嫌なら、別居す
か？」です。
自分がこう思った
た歩数に
ないような頑固
す。現役時代は一切
味のなかった家事に
出しします。折り込
広告を見て「これが
い、食いたい」と主
し、夕食にないと嫌
を言い出します。
退職前はすてきな
だっただけに、残
なりません。妻もス
レスがたまってい
うです。以前のよ
家族には戻れないの
しょうか。

図3　「人生案内」の紙面　『読売新聞』2017年1月13日付朝刊より

回答者である哲学者の鷲田清一《わしだきよかず》氏は、「厄介ですね。年がいってから生き方を変えるというのは至難のことです」と語り、指示―服従の関係とは違う対等の関係に立てる場を見つけてあげることだろうと指摘する。たしかにこういう方向性しかないだろう。

プロローグで述べたライフプラン研修では、簡単に「外に出て趣味を持て」と言うかもしれない。しかしその前に、会社とは異なる原理で動いている地域や家庭を理解することから始めなければならない。そうでなければ外出しても誰も相手にしてくれない。この修正は時間のかかる息の長い取り組みになる。

私の取材に応じてくれた人で、会社の仕事の枠組みを家庭にそのまま持ち込み「家でも人事部長をやっていた」と反省した人がいる。

彼は会社人間を自認していたが、息子さんの家出や不登校に直面することになった。その時、逃げずに息子さんに対応した。「自分が間違っていたのかもしれない」と考えて心理学を学び、産業カウンセラーの資格も取得した。

そうしたなかで、役職や肩書がなくても助け合い愛してくれるのが家族であることに彼は気づいた。また面白いことに、その体験が退職後の彼のセミナーや研修関係の仕事にもつながっている。

自ら考え、行動することによって価値観を変えなければ、「家庭内管理職」レベルの人が変わるのは難しいということかもしれない。

主人在宅ストレス症候群

今まで紹介したような家族が手を焼く場面は、多くの家庭で程度の差こそあれ存在しているのかもしれない。しかしそれが病気に至るようになれば大変だ。

渡辺淳一氏が書いた『孤舟』の中で、定年退職者の主人公が図書館から借りてきた健康雑誌で「主人在宅ストレス症候群」という言葉を見つける場面がある。実際に私が「主人在宅ストレス症候群」の用語でネット検索してみると、本当にその病名を書いたホームページが出てきた。ホームページの主である心療内科医の黒川順夫《くろかわのぶお》氏は、「主人在宅ストレス症候群」を、夫の在宅によってもたらされるストレスが主な原因となって主婦に発症する様々な疾患と定義している。

これは心身症の一種で、発症の仕方には個人差があって、様々な症状となって表れる。ある人はうつ状態になり、またある人は高血圧になり、さらに別の人はぜんそくになったりする。ガン恐怖症や十二指腸潰瘍《かいよう》、果てはキッチンドリンカーになる人さえいると書かれている。

ホームページには、いくつかのカルテ（病状の経過や治療の内容）も紹介されている。たとえば、58歳の主婦の患者の例で言うと、検査の結果では身体的には全く問題はなかったが、末梢《まっしょう》神経過敏症、十二指腸潰瘍（心身症）、うつ状態と診断された。

退職前は、夫が朝出かけてしまえば、あとはもう自由で勝手気ままにしてよかったが、退職後は家にいるわ、話しかけても聞いてくれないわ、おまけに毎度毎度食事を作らなければならなくなって、たまらない状態だった。

黒川医師は、妻には外出して気分を発散するように指示をするとともに、夫にも、奥さんの話を聞いてあげてくださいと忠告した。

アドバイスの効果もあってか、彼女の趣味である絵を描く会に出かけても夫は何も言わない。外出して趣味に興じていたら夫はきっと怒るに違いない、と彼女は内心ひやひやだったのである。もちろん夫は怒ることはなかった。

すると病状はみるみる改善していき、治療を始めて半年余りで症状はほとんど消失して、来院して10か月目には十二指腸潰瘍は跡形もなくなっていたそうだ。

また別のカルテでは、ストレスによる肝機能が悪化の一途をたどっていたが、夫が単身赴任するようになると、症状が嘘《うそ》のようにみるみるよくなっていった。しかし単身赴任を終えて夫が戻ってくるとともに、再び症状が出てくる例も紹介されている。

発症の有無や内容にも個人差が大きいだろうが、重い病気になり得ることは知っておいていいだろう。

また『孤舟』を書いた渡辺氏は医師でもあるが、自著に関するインタビューに答えて、「とにかく朝起きて夜寝るまで何もやることがない。友達もいない。電話をかける相手もいない。これでは生きていることがむなしくて仕方がなくなる。それはある意味、死ぬほどつらいことですよ。実際そのつらさが病気の誘因になっています。男は忙しくて病気になるのではありません。むなしくて病気になるのです」と述べている（『中央公論』２０１０年〈平成22年」12月号)。定年退職後は夫婦ともども病気になるリスクがあるということだ。

家に防空識別圏が

私にとってもこれらは他人事ではない。

前述の通り、定年退職後も会社近くに借りていたレンタルオフィスを使っていて、週に4、5日はそこで原稿を書いている。昨年、オフィスのパソコンがダウンしたので2週間くらいは家で執筆していた。

「家で書き続けるのもいいかもしれない」と私が言うと、「パソコンが直ったら事務所に戻ればいいじゃない」とすかさず妻から反応があった。

「えっ」。私は絶句した。

家では朝起きて寝巻のまま書いたりしていることがあった。たしかに妻はハッピーではない様子だった。

また昨年からは、家の近くにある大学に聴講生として週に一度通っている。大学の図書館は蔵書も豊富で、夜も遅くまで開館している。学生と変わらずに使用できるので足元に便利な場所があることに気がついた。

「事務所を引き払って大学の図書館に本拠を移すのもいいかもしれない」とつぶやくと、

「事務所で書いてほしい」と間髪をいれず言葉が返ってきた。

「えっ」。私は絶句した。

たしかに私は家事を積極的にこなすタイプではない。でも「おい、お茶」などと言うことはなく、自分ではそれほどカサが高いわけではないと思っている。食事も冷凍ものの解凍で全然かまわない。

「何が嫌やねん？」と聞いてみると、家にいるだけでお昼の食事を用意しないといけないかとか、何かしら気になるそうだ。また友達と昼食に出かけることもあるので、いちいち断らなくてはいけないのも嫌だという。

この話を学生時代の友人にすると、彼は50代で単身赴任生活から戻ってくると、家がリフォームされていて、玄関のそばにあった部屋が自分の部屋になったと語り出した。

「部屋を作ってもらうなんていいじゃないか」と私が言うと、彼は「いや、どうやらリビングに私を入れるのが嫌なようだ。実際、夜遅くに帰ってきて、朝早くに会社に行くので、家族と顔を合わせないこともある」のだそうだ。

彼は60歳を過ぎても、勤めていた会社の子会社で働いている。また母親が介護を要する状態なので、ときどき実家に寝泊まりして面倒を見ることがあるらしい。

彼によると、妻がその話を友達にすると、「60歳を過ぎて働いてくれて、介護のために家にいないなんて、最高のパターンじゃない」と言われるのだそうだ。

2人で「何が最高のパターンや」と話していたのだが、ひょっとすると、各家には妻がすでに防空識別圏のような目には見えないバリアを張り巡らしているのかもしれない。夫は一定の時間はそこに入れず、「電話が長い」「こんなに遅くまで、どこをほっつき歩いているのだ」といった発言は戦争状態を喚起するものになるのだ。

こういう具合にいろいろと考えてくると、「亭主元気で留守がいい」という金鳥《きんちょう》（大日本除虫菊株式会社）の「タンスにゴン」のCMコピーの秀逸さを改めて感じるのである。

「大阪のおばちゃん」に学べ

なぜ妻たちがここまで定年退職者の夫を避けたがるのか、不思議に思って何回も彼女たちの話を聞いてみた。また夫側の話にも再び耳を傾けた。

一つ感じたのは、妻は定年になった夫の等身大の姿を改めて見ているということだ。在職中いろいろと世話を焼いてきた結果が「こういうことか」という嘆きを感じることもあれば、会社から離れて弱くなった夫が「むしろ、いとおしい」という女性もいた。

いずれにしても、夫を頼りにしているのは間違いない。だから「亭主元気で」ということになるのだろう。でもなぜ「留守がいい」のかである。

もう一つ気がついたことがある。

定年退職者である夫は、自分の寿命が延びたことは繰り返し語るが、一緒に過ごす期間が長くなる妻や家族のことにはそれほど言及しない。会社外の人間関係を結ぼうという意識や意欲が強くないと思えた。定年退職した男性がどこにいるのだろうと、図書館やスポーツクラブ、喫茶店を回っても、いつも独りぼっちだった姿と重なった。

SF作家の新井素子《あらいもとこ》氏が『日本経済新聞』に書いた「大阪のおばちゃん」というエッセイを読んだ（2013年〔平成25年〕12月29日）。

大阪に住む義父と義母が病気や骨折で相次いで入院・手術をしたそうだ。東京在住の新井さん夫婦が大阪在住の両親を介護するのは大変だった。

大阪の土地勘はないのに10以上の病院や役所や施設を回らなければならなくなって、当然のように夫婦は迷子になった。しかしほとんど困らなかったという。

地図を手にした新井さん夫婦が途方に暮れていると、必ず声をかけてきてくれる人がいた。しかも自分たちから道を聞いた覚えは一度もない。すべておばちゃんの方から声をかけてきて、嬉々《きき》として道を説明してくれる人が半分で、残りの半分は「私ちょうどそっちへ行くし、案内してあげるわ」と言う。新井さんは、どう考えても、偶然自分たちが行きたい方へ行くおばちゃんばかりが大阪の道にあふれているのはおかしいと思う。

また、店に入って「入院する義母の為《ため》の替えの下着を……」という意味の言葉を発した瞬間、そのお店のおばちゃんは、「なら、あと、ゆのみと急須《きゅうす》。タオルもあった方がいい。病院で使えるようなちょうどいい急須が、確かあそこの店にあったから……」と言って、自分の店を放り出してその店に連れていってくれたそうだ。

私のように関西の庶民的な商店街で育った人間には何の不思議もないことだが、新井さんには驚くことだったようだ。

この「大阪のおばちゃん」レベルではなくても、見知らぬ人が困っていると助けてあげようといった関係を紡ぐ気持ちを女性側は持っている。それに比べると、定年退職した男性側にはそれが弱いと感じるのだ。

社員同士が共有する場にコミットすることは過剰なほどやるのに対して、社外の人と関係を結ぶことには積極的でない男性が多い。妻側は、定年になった夫がこういった姿勢を簡単に変えることができないことを見越しているので一緒にはいたくない。それが夫を避ける一つの理由になっているのではないか。地域や家庭において私的な人間関係をどのように築いていくかが定年退職者の課題なのであろう。「大阪のおばちゃん」に大いに学ぶ必要がある。

生活感という共通項がない

地域での過ごし方などを高齢者同士で議論する場でファシリテーター（会議の議事進行役）を務める藤波進《ふじなみすすむ》さん（65歳）に話を聞いたことがある。

30人くらいの会合で集まる男女比はほぼ同数。前半は男女混合で2グループに分け、後半は男女別々に2グループに分けて進めると、全く様子が違ったそうだ。男女混合のグループでは男性の発言が多く、女性の発言は少なかった。次の男性同士、女性同士に分けたグループでは、女性のグループはすぐに小さな塊でおしゃべりが始まりにぎやかになるが、男性のグループはそれほど盛り上がらない。

そこで、初めから男女別に分けたグループで話し合いをして、前半の女性グループの熱量を後半の議論に持ち込むと、活発で多様な意見が出ることが多いそうだ。その際、藤波さんは前半の男性グループの話し合いがスムーズに進むように注力する。

男女のグループの違いを藤波さんに聞いてみると、女性グループは「生活感」という共通の基盤があるので、どんな話も自分たちの生活に引き付けて互いに語ることができる。ただ、世間話で終わってしまうことが多い。それに対して男性のグループはそういった共有できるものがないので、発言者固有の視点からの議論になりやすい。女性のみにはない発想が生まれるメリットがある反面、固有の話題なのでなかには興味を示さない人も出てくる。そこでどのようにバランスをとるかが、ファシリテーターとしての腕の見せ所だそうだ。

この藤波さんの話を聞いた時に、「おばあちゃんの原宿」と呼ばれる巣鴨《すがも》地蔵通り商店街（東京都豊島《としま》区巣鴨）を歩いた時のことを思い出した。その日も多くのお年寄りでにぎわっていたが、ほとんどがおばあちゃんばかりで、おじいちゃんの姿は少なかった。

その時に感じたのは商店街の店舗である。まさに生活に根差した店ばかりだった。婦人服、小物、雑貨、寝具、袋物、和菓子、お茶、団子などの店がずっと続いている。私が小さい頃に耳にした「メリヤス」を看板に掲げた肌着の店もあった。

これに対して、男性が集まる商店街のイメージは湧いてこない。年配の男性が集まるという意味では、競馬場やパチンコ店がそうかもしれない。生活や日常というよりもむしろ非日常の世界である。

女性は、カルチャーセンターに行けばすぐに友人ができて、近所にもお茶飲み友達がいて、いつも周りに人がいる。歳を取っても楽しく暮らしているように見える。一方で、男性は一人で活動して友人ができない。なぜなのだろうか。渡辺淳一氏は、先ほどのインタビューで、「男は同僚や取引先といった仕事に関係する人を除いて、ほとんど人間関係を持たない。そもそも群れることができない生き物なのだ」と述べている。

何でも男女別に分けて決めつけるのはナンセンスであろうが、やはり男女間の違い、男性の仕事と生活とのギャップというのは一つのポイントであろう。

先ほどの藤波さんによると、男女一緒になった議論の時も、会社の論理というか、肩書や自分の立場にこだわるタイプの男性はうまくグループの輪に入っていけない。彼らの特徴は井戸端会議ができないことだそうだ。そういう人は2回目、3回目の会合になると出てこなくなる。逆に、男性でもその切り換えができる人は仲間に入ってリーダーシップを発揮する人が多いという。

もうすこし年齢の高い層になるが、医師や看護師、介護士などを対象に医療や介護の研修の仕事をしている専門家によると、デイサービスや老人施設などのイベントでも女性はすんなり仲間に入って楽しめる人が多い。しかし男性は二の足を踏む人が多く、そういう人は次回には来なくなるそうだ。

これらも、男性が仕事と家庭とのギャップを埋めることが難しい、一つの表れなのかもしれない。

経済優先から人生優先へ

作家・評論家であった吉武輝子《よしたけてるこ》氏は、男性の定年問題に詳しく、著作も多い。その著作『夫と妻の定年人生学』の中では赤裸々に自身の経験も書いている。

彼女の父親は、三菱銀行（三菱東京UFJ銀行の前身）の名古屋支店長をしていて、定年退職後は伊奈《いな》製陶（現INAX）の重役に〝天下り〟した。ところが肩書や権限を失ったことを受け入れられずに、まもなくうつ病を患い、自ら命を絶ったという。著者が24歳の時である。また、自分の夫が会社を退職した後の姿も冷静に見つめて書いている。

長くテレビの身の上相談番組のレギュラー回答者を引き受けていたこともあって、相談のために彼女の家を訪問してくる人もあったそうだ。

定年離婚の急増が社会問題化し、「あなたに定年があるなら、私にも定年があってしかるべきです」と、妻が退職金を半分もらって別れるという話がテレビドラマなどで描かれていることがある。しかし吉武氏は、それらは一握りの中の一握り、絵空事と言っていいのではないかという。彼女を訪ねた相談者の女性のうち99%が、定年退職後の夫の家庭内暴力が理由で離婚しているそうだ。

私の身の周りでは、定年離婚の話も夫の家庭内暴力の話も具体的には聞いたことがない。ただ吉武氏は自らの体験から語っているので、彼女の主張には説得力があると感じた。実際には笑って済ませられない状況も少なくないかもしれない。また多少のことはあっても、やはり家庭内部のことなので表に出てこないこともあるだろう。

そして吉武氏は、妻の人生の再構築に夫が手を貸さなければ、夫が社会的弱者になった時に、妻は世間の人たちと一緒になって叩《たた》く側になるに違いないとまで述べている。彼女は、いい夫婦になるには経済優先から人生優先への転換が必要だと主張している。

男性側から見れば、足元の仕事に注力することはもちろん大事ではあるが、会社の仕事に強くコミットしすぎると、自分の生活や家族をないがしろにする場合も少なくない。

自分の生活や家族を切り捨てた仕事中心のスタイルは、表面的には力強いように見えても平板で変化に乏しい。また脆弱《ぜいじゃく》なものになりがちである。結果として、会社から離れた時に人間関係を紡ごうと思ってもなかなかうまくいかず、時間がかかることになりかねない。

在職中は、仕事に注力する自分、仕事以外に関心のあることに取り組む自分、家族や昔の友人を大切にする自分などを、自らの中に同時に抱え込んでおくことが大切である。特に中高年になってからがそうだ。仕事と生活について言えば、両者を区分するのではなく、相互の好循環をどのようにして生み出すかがポイントなのだろう。

資産運用では、リスク軽減の観点から分散投資する手法は常識なのに、仕事になるとそう考えない会社員が少なくない。「仕事本位でなければならない」「本業は一つしかない」と思い込んでいる。

第4章以降は、吉武氏が主張する、経済優先から人生優先への転換をどのようにすればできるのかについて考えてみたい。

第4章　「黄金の15年」を輝かせるために

役職と定年後は相関しない

研修講師をやっている知人が、あるメーカーでグループワークを中心に研修を行った。対象は年度初めに50歳になる社員。業務知識のための研修ではなく、50歳を区切りに自分を振り返り、自らの10年後をどのように描くかという内容だったそうだ。

企業側としては、50代以降もペースダウンせずに働いてほしいという意図があり、また65歳までの雇用延長も視野に入れて社員の士気向上も狙《ねら》っているのだろう。研修の後に社員との個別面談を実施する会社もある。

「60歳の自分」というテーマで5、6人のグループで自由討議を実施したそうだ。そのワークのなかで面白い場面があったという。

初めは各グループとも部長や部次長などの高い役職にある社員がグループの議論をひっぱっていた。本社や全国の支店、場合によっては海外赴任も経験したいわゆるエリート層が主導権を持って進めたのである。

しかし「60歳の自分」はどうありたいのかという具体的な討議を進めていくと、5つのグループのうち2つのグループでは、高校を卒業して地元の工場で働いている社員たちが積極的に話し始めた。一方で口火を切った部長の声は小さくなり、後半はほとんどしゃべらなくなったそうだ。

地元で働いている社員は、60歳以降の自分の生活を具体的に語ることができたのに対して、本社にいる役職者たちは自らの姿が見えないことに気づいた。そして議論の主導権は交代したというのだ。

もちろん、どちらがいいか悪いかといった問題ではない。両者は比べられないし、比べるべきものでもない。第1章で述べたように都会と地方の「定年後」の違いもある。

ただ、社内で高い役職についているからといって、未来の自分が必ずしも輝くとは限らない。会社の仕事に比重をかけすぎているとかえって定年後が厳しくなることも考えられる。

この研修の話を聞いた時に、社会人野球で活躍した社員のことを思い出した。彼はプロに行きたかったが、ドラフトにかかるほどの力量はなかったので社会人野球で活躍した。その後引退して、その会社の社員として働いている。

彼は、「プロに進めるだけの力量がなくてよかった」と言う。なぜかと聞いてみると、プロに入団すれば18歳や22歳で周囲からちやほやされる。収入も普通の社会人では想像できない金額を手にする。しかし、たとえ一軍で活躍できたとしても、選手寿命はそれほど長くはない。コーチや監督で野球の世界に残れる人はほんの一握りだ。プロを引退した時に、野球以外のことは何も知らないので苦労する先輩が多いというのだ。

「引退しても会社の仕事を続けることができるのは本当にありがたい」と語っていた。

ここではメーカーで出世した人と地元の工場で働く人との比較や、プロ野球選手と社会人野球の選手との待遇比較をするのが本旨ではない。野球に秀でていて、また社内で高い役職を担って脚光を浴びたとしても、それを引退や定年後まで引き延ばすことはできない。会社での役職と定年後は必ずしも相関しないのだ。

若い時に目立って活躍する人も多い。それはそれで素晴らしいことだ。しかしながら、人は若い頃の成功を中高年以降まで持ち越すことはできない。プロローグにも書いたが、若い時には注目されず、中高年になっても不遇な会社人生を送った人でも、定年後が輝けば過去の景色は一変する。やはり、終わりよければすべてよしだ。そういう意味では定年後、いわゆる人生の後半戦が勝負なのだ。

ライフサイクルで考える

イギリスの動物学者デズモンド・モリスに『年齢の本』という著書がある。我々は自分や相手のことを知る際に年齢を最も大きな基準にしていることが多い。会社内の社員同士でも人事マネジメントを行う際にもそうだ。しかし年齢の諸相を正面から取り上げた本は少ない。

この本は1歳から100歳を越えるまで、それぞれの年齢ごとに実在した人のエピソードなどを紹介している。たとえば60歳であれば、「60歳でのロマンス」「60歳での功績」「60歳での不幸」「60歳の生涯」の項目で該当する話を書き込んでいる。これを読むと、人の生涯は年齢だけでは決まらないが、年齢に大きく規定されていることが分かる。

会社という組織の構成員を見れば、18歳から65歳前後までのメンバーがいる。米国で開催された人材マネジメントに関するカンファレンスに出席した知人の話を聞くと、自社の働く社員が年齢を経ることを軸に人事管理を行うという議論があったそうだ。入社から退職までにいくつかの世代を移行していくとの前提だったという。

定年になった時点から眺めてみると、長い会社人生を同じペースや同じ心情では走り通せないことが分かる。周囲を見回しても一直線で走り切った人はほとんどいない。

社内でいくつかの異なる役割を果たさなければならないし、働き方も変わらざるを得ない。

抜擢《ばってき》や左遷もある。家族の形も変わる。また年齢を経るという変化もかぶってくる。やはりこれは大きい。

同じ会社の同期を見ても、20代は会社に定着するまでの不安などもあって、互いに協力する存在として付き合いも頻繁だ。しかし30代、40代になると仕事も忙しくなり、互いに競争相手だという意識もあるので疎遠になりがちである。そして50代も後半になれば、定年退職後の過ごし方という共通の課題を持っているので再び絆《きずな》が深まりやすい。

組織で働く人の個人史は、年齢を経る変化の過程であり、もう一面は個人と他者および個人と組織との関係の変化である。人間は必ず歳を取る存在であり、自身だけでなく他人や会社との関係も変わっていかざるを得ない。

そしてもし会社員生活を直線的な上昇イメージの連続で捉えると、いずれ自分の老いや死の現実にたじろがざるを得なくなってしまう。逆に、上昇するイメージにとらわれなくなると、年齢を経ながら新たな自分を発見できる可能性が広がり、同僚や上司だけでなく子どもや老人の素晴らしさも実感することができる。また会社や家族、自分の住む地域の姿も違って見えてくるのである。社内の中高年の時期を自分の到達点と見る考えから脱出しなければならない。

このように考えてくると、まず頭に浮かぶのは、『論語』の中にある孔子の有名な言葉だ。

「子曰く、吾《わ》れ十有五にして学に志す。三十にして立つ。四十にして惑わず。五十にして天命を知る。六十にして耳順《したが》う。七十にして心の欲する所に従って、矩《のり》を踰《こ》えず」となっている。

私の高校時代には、たしか教科書にもあったので、おなじみの人も少なくないだろう。15歳で学問を志し、30歳で独り立ち、40歳で迷うことがなくなり、50歳で天命を理解し、60歳で人の意見を素直に聞けるようになり、70歳で思いのままに行動をしても人の道を踏み外すことがなくなる、といったところである。

この文言は聖人だけではなく万人の変化を語っているといっていいだろう。このように自分の人生をライフサイクルというか、時間軸、年齢軸で見ることはとても大切だ。特に組織で働くビジネスパーソンは、目先のことに追われがちになって、過去の自分と未来の自分を切り離しているからだ。ライフサイクルで把握した自身の変化は、誰とも比較ができない、取り換え不可能なものになるのだ。

会社員人生の2つの通過儀礼

「定年後」のライフサイクル上の位置づけを見る前に、その前段階の会社員時代の検討から始めてみよう。

多くのビジネスパーソンに話を聞いてみても、会社員生活は直線的な一本道ではないことが分かる。会社員が越えるべき通過儀礼から見ると、おおまかには2つの段階から成り立っている。入社してから組織での仕事を通じて成長・自立していく段階と、組織での仕事に一定の目処《めど》がついてから自分の今後のあり方を考える時期の2つである。

前者は、仕事仲間や顧客に役立つ自分をどう作り上げていくかということが課題である。一方、後者は、老いることや死ぬことも意識して組織との距離感をどのようにとっていくのかがポイントである。

会社員へのインタビューを繰り返していると、会社組織に適応している社員でも、40歳を過ぎたあたりから揺れ始める人が多いことに気づく。このあたりに2つの段階の境目がある。40歳を過ぎた年齢というのは会社員生活の折り返し地点であると同時に人生80年の中間地点でもあるというのが興味深い。定年まで勤めた自分の36年間の会社生活を振り返ってみても、やはり同様の揺らぎがあった。そういう意味では会社員の人生は前半戦と後半戦に分かれる。

前半戦の課題は、一言で言えば「一人前になる」ということだろう。組織の中で一定の役割を獲得するためには、入社してから10年なり15年なりの期間は、組織の中で自分を作り上げる取り組みに終始せざるを得ない。

しかし40歳を過ぎたあたりから、仕事中心の働き方の一面性に疑問を感じて揺らぎ始める人が少なくない。その背景には昇進や専門性の向上に力を入れて一定のポジションを確保しても、それと同じやり方では「定年後」も含めた人生80年を乗り切れないと多くの会社員が感じているからだ。

若い時には「技能を高めよう」「収入を増やそう」「役職も上がっていこう」というように成長していく気分が強いが、それをそのまま延長できないことは誰もがなんとなく分かっている。そして生活が安定して家を取得したりすると、気持ちがふと心の方に向かう。そうすると「このまま時間を過ごしていっていいのだろうか」などと思ったりするのだ。また、思いもかけない出向や左遷の辞令を受け取って気がつく人もいる。そうなると、今まで自分を支えてきたものが、今度は重荷になってくる。これに加えて現実的には、一つの物事に長く取り組むと飽きるということもある。

人生50年時代であれば、前半戦の通過儀礼をこなせば残りの期間をなんとか乗り越えることができる。しかし現在は、その後に30年以上が目の前に横たわっている。寿命を全うするためには会社人生の後半戦および長い「定年後」が待っている。一つの役割だけで生きられない時代が到来している。

また人が成熟するには、単に喜びや楽しいことだけではなくて、哀しみや苦しみなどを経て、諸々の不条理なことや葛藤《かっとう》状態を自分の中で統合していかなければならない。人生における思いがけない出来事も受容していくことが求められる。これらには一定の時間が必要なので、この意味でも本当の勝負は人生の後半戦に持ち越されていると考えていいだろう。

会社員生活のライフサイクルを取り上げる意味は、今の自分の年代だけが問題なのではなく、おのおのが相互に連関しているということだ。「定年後」も同様で、その期間だけをどうこうしようと考えても決着はつかない。それまでの過ごしてきた会社員時代、先にある老後や死ぬことをどのように考えていくかとも関係している。

繰り返しになるが、ある期間だけを切り取って、そこに最適な解答があるという前提ではもはや解決の糸口はつかめない。過去の自分とも未来の自分とも切り離してはいけないのだ。むしろ、おのおのの自分が互いに対話する必要がある。各人の過去の経過が数珠つなぎになりながら未来を作っていく形になっているからである。

定年後は3段階

それではライフサイクル上の「定年後」をどのように把握すればよいだろうか。よくあるのは平均寿命、平均余命、健康寿命などの概念である。

ある年の男女別に見た年齢別死亡率が将来もそのまま続くと仮定して、各年齢に達した人たちが、その後平均して何年生きられるかを示したものを平均余命（mean expectation of life）といい、出生時、つまり0歳時の平均余命を特に平均寿命という。

厚生労働省のホームページにある「平成26年簡易生命表の概況」によると、２０１４年（平成26年）の男性の平均寿命は80・50歳、女性は86・83歳である。男女とも毎年少しずつ延びている。

60歳時の平均余命で見れば、男性は23・36歳、女性は28・68歳になっていて、現在60歳の人は男性で85歳前まで、女性は90歳近くまで生きる計算になる。

また健康寿命という概念もある。平均寿命のうち、健康で活動的に暮らせる期間である。WHO（世界保健機関）が提唱した指標で、平均寿命から、衰弱・病気・認知症などによる介護期間を差し引いたものだ。

これも厚生労働省のホームページにある資料によると、２０１０年（平成22年）で男性は79・55歳の平均寿命に対して健康寿命は70・42歳、女性は86・30歳の平均年齢に対して健康寿命は73・62歳になっている。

平均寿命と健康寿命の差は、日常生活に制限のある「不健康な期間」を意味すると資料は指摘していて、２０１０年で男性は9・13年、女性は12・68年になっている。

この資料によると、健康で過ごせるのは男性で70歳、女性で74歳になるが、私の実感としてはもう少し長いような気がする。健康という概念に相当の幅があるからだろう。また平均数値を取ると、必ずしも標準的な層を示さない場合もある。単なる平均ではなく、どれだけの人がどのような老後を過ごすのかといった具体的な情報が欲しいところである。

そういう意味では、東京大学高齢社会総合研究機構の秋山弘子《あきやまひろこ》特任教授は、「長寿時代の科学と社会の構想」の中で、長年携わってきた全国高齢者調査の結果を紹介している。

この調査は、全国の60歳以上の男女を対象として二十数年にわたり加齢に伴う生活の変化をフォローしている。約６０００人の高齢者が対象である。

図４は、お風呂に入る、電話をかける、電車やバスに乗って出かけるといったごく普通の日常生活の動作を人や器具の助けなしでできる、つまり自立して生活する能力の加齢に伴う変化の典型的なパターンを男女別に示している。

これを見ると、男性には３つのパターンがあり、２割弱の男性は70歳になるまでに健康を損ねて死亡するか重度の介護が必要になる。たしかに私の周りでも60代で死去したり重い病気になったりする人がいる。しかし７割の男性は75歳頃から徐々に自立度が落ちていく。そして残りの１割の男性は90歳近くまで自立を維持する。女性は９割近くが70歳半ばから衰えていくことになる。

こうして見てくると、男女とも８割を超えた人が、いわゆる後期高齢者に該当する70代半ばから徐々に自立度が落ちてくる。逆に言えば、大半の人は75歳ぐらいまでは、他人の介助

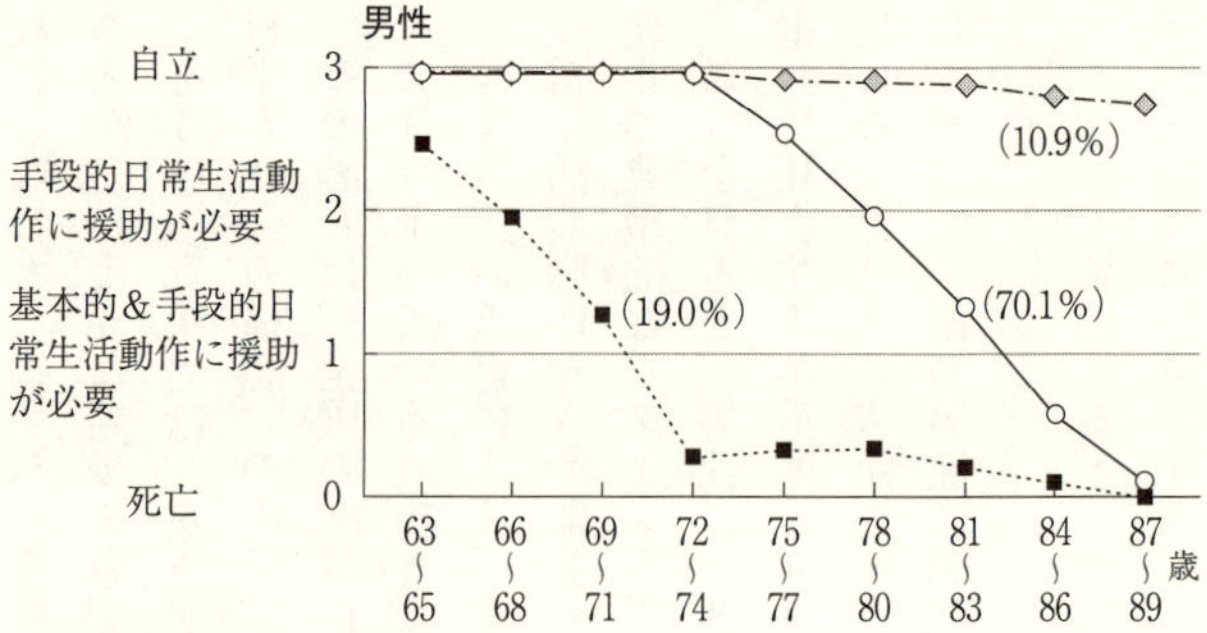

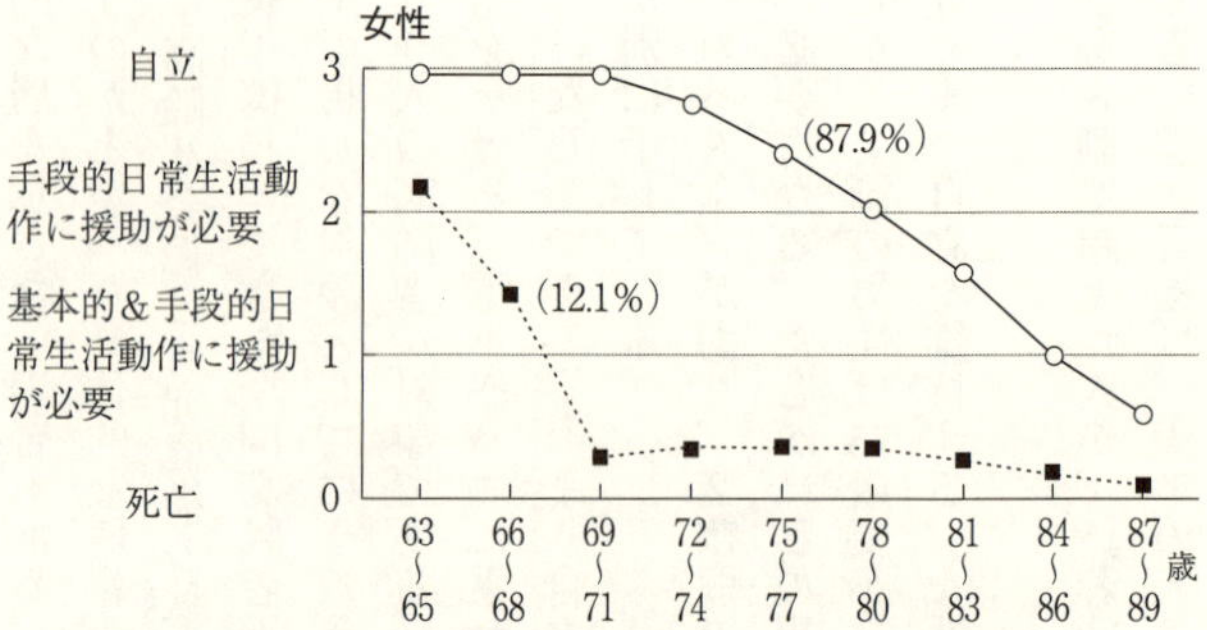

図4　加齢に伴う自立度の変化パターン　全国高齢者20年の追跡調査（サンプル数は5715人）。出典はAkiyama et al.(2008) アメリカ老年学会2008年年次大会

を受けずに自立して生活することができる。本書を執筆するに際して話を聞いた70歳前後の人たちのほぼ全員がこれに同意してくれた。

そういう意味では、65〜74歳の前期高齢者と75歳以降の後期高齢者は、ライフステージが変わると言ってよい。介助を受けながら生活することは、それまでの自立した生活や仕事の形と明らかに一線が引かれるからだ。そこでは他人の助けを借りながらどのようにしてイキイキと暮らすかの知恵が試される。

２０１７年（平成29年）１月、日本老年学会などは、現在は65歳以上とされている「高齢者」の定義を75歳以上に見直し、前期高齢者の65〜74歳は「准高齢者」として社会の支え手と捉え直すよう求める提言を発表した。これも同様の考え方に基づいていると言えよう。

人によって年齢の重ね方にも幅があるが、実際の取材でも70代後半から新たなことに取り組むのは簡単ではないと何回か感じたことがある。また誰もが、亡くなる直前まで元気に活動する「ピンピンコロリ（ＰＰＫ）」の最期を望むだろうが、親の世代を見ていてもそう簡単ではない。最期の迎え方もまた違ったステージにあると言っていいだろう。

定年後をどのように過ごしていくかを考える際には、定年退職から74歳までと75歳以降、それに最期を迎える準備期間の３つに分けることが妥当である。そういう意味では、本書で言う「定年後」は、60歳から74歳までを主な対象としている。身体が健康なうちは自分が目指すものに挑戦した方がいいだろう。悠々自適は75歳を越えた後期高齢者になってから考えればよいと私は思っている。

「誉生」と「余生」

60歳から74歳までは、自立を確保できて、かつ今までの組織における義務の束縛から逃れ、家族の扶養義務も一段落つく。多くの時間を自分のために費やせる人生のラストチャンスだと見ていいだろう。経済的な余裕によって多少の違いがあっても、持てる能力を最大限に発揮して生きることは可能である。また、ゆったりと何もしないで無所属の時間を味わうこともできる。

サラリーマン経験のある作家の森村誠一《もりむらせいいち》氏は、文芸評論家の池上冬樹《いけがみふゆき》氏との対談（さくらんぼテレビのサイトの特設コーナー「小説家になりま専科」に掲載）の中で、60歳から70歳は、本当は自分の能力が一番発揮される時期であって、それが組織の都合により60歳で肩を叩かれてリタイアする、そしてその後の20年、30年は、何をしてもいい自由を選ぶのが「誉生《よせい》」、何もしなくてもいい自由を選ぶのが「余生」である、と規定する。そして「しなくてもいい自由」より「してもいい自由」を選ぶことがポイントで、自分の一番したいこと、今までしたかったけれど組織の都合や家族の都合でできなかったことをやる、それが挑戦的であり、誉れある生ではないかと述べている。80歳を越えて今なお現役作家として活躍している息遣いが聞こえてくるようだ。

森村氏は「してもいい自由」の誉生に比重を置くが、私は「しなくてもいい自由」の余生だって素晴らしいと思っている。要は、何をやってもよく、何もやらなくてもいい。自らの個性にあった働き方、生き方をすればよいのだ。大切なのは退職後の一日一日を気持ちよく「いい顔」で過ごせることだ。

国や地方公共団体には、過去に例を見ない急速な高齢化社会の課題に挑戦し、日本は世界に先駆けてハードとソフトの両面のインフラ構築のモデルをつくっていくべきだとの議論もある。もちろんそれはそれで大切であるが、まずは個人が何をしてもいい自由、何もしなくてもいい自由のどちらも選べるというのが出発点であるべきだ。個人個人は高齢化対策の客体になってはいけないのである。

会社組織で長く働いていると、人生で輝く期間は役割を背負ってバリバリ働く40代だと勘違いしがちである。しかしそれは社内での役職を到達点と見る考え方であり、本当の黄金の期間は60歳から74歳までの15年なのである。

60歳にもなれば生きるうえでの知恵も蓄積されている。この15年を活かさない手はないのだ。

8万時間の自由、不自由

ここで定年後の時間を会社員当時の労働時間との比較で勘案してみよう。

60歳で定年退職して、日々の睡眠、食事、入浴などの必要な生活時間を除いて考えると、自分の自由になる時間は1日11時間程度と見ていいだろう。私の実感でもこのあたりだ。ただ、75歳を越えると介助を受ける立場にもなるので半分の5・5時間として、平均余命の残りの10年を生きると計算してみる。

11時間×365日×15年（60歳から74歳まで）＋5・5時間×365日×10年（75歳から84歳まで）は、ほぼ8万時間になる。そのうち黄金の15年は6万時間だ。

一方で、厚生労働省の資料で、所定内労働時間と所定外労働時間を合わせた年間の総実労働時間は、2016年（平成28年）で1783時間（「毎月勤労統計調査」、事業所30人以上）で、1989年（平成元年）では2088時間あったものが、少しずつ減少している。これらの数値から計算してみると、21歳から60歳まで40年間勤めた総実労働時間は、8万時間に満たないのである。

つまり会社生活で、若い時は上司の指示を忠実にこなし、中高年になって組織の一線で活躍して、役職定年になって落ち着いて仕事をしてきたすべての労働時間よりも長い8万時間という自由時間が生まれるのである。これほどの自由時間を持つことができた時代は、日本の歴史上かつてなかっただろう。

しかし、第2章、第3章でも見たように、自由にできる時間の中で立ち往生してしまっている人も少なくない。8万時間を使いこなすのは苦痛と感じる定年退職者もいるのである。しかしそれを会社のせいや社会のせいにはできない。もしそうしたとしても、そこから解決策は見出せないだろう。

一方で、イキイキしている人を見ていると、定年後の特権は何と言っても時間を豊富に使えることだと実感する。持て余すか、有効に使うかの差はとても大きい。8万時間は各自の人生を輝かせるためにあるのだと考えれば、ここでも人生は後半戦が勝負になるのである。そういう意味では、もう一度自らのライフサイクルを振り返って検討する必要がある。

一区切りつくまで3年

先輩から聞いた話だが、数年前に社内の退職金・年金制度の大幅な改正があった時に、50代後半の同期が集まった。その時に、今退職すると得か損かの議論で大いに盛り上がったらしい。ところが「それでは辞めて何をするのか」の話題になると急にその場は静まり返ったとのことだった。

80歳まで生きることはイメージしていても、その間をどう暮らすかまでは具体的に考えが及ばないのが実態のようだ。平均寿命の延びがあまりにも急激だったので、1万メートルのトラック競技だと思っていたらマラソンレースに変更されたようなものかもしれない。意識や生活が寿命の延びに追いついていない。

仕事中心の生活から、成熟した人生への切り換えが求められている。別の言い方をすれば、延ばしてきた寿命の中身を充実させる段階に来たと言える。会社勤めという単一の仕事だけで人生を生き抜くことはできないのだ。

それでは会社の仕事以外のものを手にするのにどのくらいの時間軸で考えればよいのだろう。中年以降に会社員から転身して別の仕事を始めた人たちのインタビューを繰り返していた時に「一区切りつくまで3年」と発言する人が多かった。

阪神・淡路大震災をきっかけに蕎麦打ち職人に転じたFさんは、「自信のある蕎麦を出せるようになったのは開業して3年経った頃」と話していた。専門商社の役員から、メンタルヘルスの会社を起業したGさんも、「立ち上げた会社が落ち着くのに3年かかった」と語ってくれた。

また私が社会人大学院で受けたベンチャー起業論の授業で、大手メーカーから、サービス業で起業した女性経営者が「自分の周りのベンチャー経営者はなぜか『3年が一区切りだった』と語る人が多い」という発言にも興味を持った。やはり1年や2年ではなく、また5年という話も聞かない。なぜか1クール3年なのだ。

転勤の多い会社では一つの部署での在籍が3年を基本単位にすることが多いようだ。おそらく人の感覚という尺度においては、一つの立場で物事をなすためには、3年程度の時間が求められるのだろう。学生から社会人への切り換えにも、この程度の時間が必要だ。

こじつけに聞こえるかもしれないが、小学校は6年で3年が2回、中学校、高等学校はおのおの3年である。講演したセミナーで「大学は例外で4年」だと私が言うと、「修士も含めれば6年だ」とフォローしてくれた人もいる。

寿司職人や大工として一人前になるのに10年ほどの期間を要するが、会社員の営業の仕事でも、他者に貢献できるようになるには同様の期間が必要だという研究がある。

私の転身者へのインタビューでも3年の一区切りを3回経験して一人前になるというのが実感だ。

新たなことに取り組んで会社員とは違う立場を得るのに一定の時間がかかる。試行錯誤もあって直線的には進まないからだ。そう考えると、定年後から始めるよりもそれより前に、次のステップに向けて足を踏み出しておくことが大切だ。もちろんいつから始めても遅すぎるということはない。しかしより早くスタートする方がスムーズに進み、選択の幅が広がるということだ。

先ほどは会社員人生には2つの通過儀礼があって前半戦と後半戦に分かれるということを述べた。定年後への円滑な移行には、この後半戦である40代後半あたりから準備を始めておくことが必要だと言っていいだろう。

年齢面の制約は大きい

城山三郎《しろやまさぶろう》氏の小説『部長の大晩年』の主人公永田耕衣《ながたこうい》は実在した人物で、三菱製紙高砂《たかさご》工場では部長になり一応の出世をしたが、彼の人生は定年からが本番だった。若い頃から人生の情熱を俳句や書にたっぷり注いできたからだ。その97歳までの人生をたどりながら会社員であった彼が晩年をいかにして生きたかを描いている。永田にとって定年は単なる通過点の一つに過ぎなかったことがよく分かる。

一方で「定年後の準備はどうするの?」と後輩の中高年社員に聞くと、「これからゆっくり考える」や「そのうちに」などの言葉をよく耳にする。しかし「そのうち」なんていう時制は本来ないのだ。

なぜこのことを強調するかというと、年齢的な制約は無視できないからだ。

前述した中年以降に会社員から転身して別の仕事を始めた人たちのインタビューで感じた

ことだが、転身した年齢によってその後の展開の幅が違ってくる。たとえば50歳で新たな取り組みに踏み出したケースと、60歳からのケースで比べると、若さによるエネルギーの違いもあるのだろう、50歳の場合の方が選択肢が増える。当然ながら45歳からであればもっと選択の幅が広がる。

私自身は50歳から勤めと並行して執筆に取り組んだが、当時のインタビューなどを「60歳から始めたとしたら同様にはできないなあ」と何度も感じたことを覚えている。

これは人生の残りの時間の長さにも関係している。先ほどの3年を3回で10年と考えれば、50歳から取り組めば60歳の定年までに1クール回せることになる。また74歳までを考えればもう一つ違うことにも取り組める余裕もある。

60歳から始めると、3年を3回で10年と考えれば70歳で新たな立場を得る。そうすると74歳までは残り5年しかないことになる。もちろんそれはそれで素晴らしいことは言うまでもないが、やはり始める時期の10年の差は大きいのである。

さらにもう一つポイントがある。それは在職中から新たな取り組みをスタートすることが肝要なのである。なぜなら会社を離れると驚くほど刺激は減少する。会社では出勤すれば黙っていても多くの人と会うことができる。こんな機会は退職するとあり得ない。私は会社員とフリーランスを並行してやっていた時に、この会社というシステムはすごいということに気がついた。第2章で述べたように、独りぼっちになってしまうと本当に動けなくなる恐れがある。現在在職中の人は、リタイアするまでが勝負だと思い定めた方がいいだろう。

また昨今は企業側からも50代以降に、社員の自律的な取り組みを促す流れが生じている。

これには2つの要因がある。

一つは、バブル期入社の社員の処遇である。

バブル景気による売り手市場の時に大量入社した社員が、年齢的に50歳を越えてくるようになった。生年で言うと1965年(昭和40年)から70年(昭和45年)生まれが該当する。彼らは社内的には人数が多く、人員構成的には大きなこぶになっている。従来のような処遇や出向政策が行えなくなるとの危機感から、各社において50代社員に対する処遇の課題が顕在化してきている。そのため、社員に自律的な姿勢を求める企業が増えている。これは副業の禁止を緩める会社が出てきている背景の一つでもある。

もう一つは、第1章でも述べた高年齢者雇用安定法の一部改正で、2013年(平成25年)4月1日から、希望者全員を65歳まで雇い続けることが企業に義務づけられたことである。

この取り扱いによって、65歳まで社員を雇い続ける前提で人事運用を行わなければならなくなった。しかし40代、50代の時のように役職や役割を与え続けることはできない。このため、社員が自分に向いたものを発見してイキイキすることを通じて会社の仕事にも意欲を持ち続けてほしいと思い始めている。社員側は、これらの流れを自分に有利に取り込むことも意識しておいた方がいいだろう。

子どもの頃の自分を呼び戻す

私はここ10年余り、会社員から転身した人たちや中高年になってもイキイキと組織で働いている人たちを取材してきた。そこで感じていたのは、小さい頃のことが大切だということだ。定年前後についても同様で、子どもの頃の自分を呼び戻すことは「レールを乗り換える」または「複線化する」際のポイントになるというのが実感である。

通信会社から提灯《ちょうちん》職人に、鉄鋼会社社員から蕎麦打ち職人に転身した人は、小さい頃からものづくりが得意で職人気質《かたぎ》を持っている。損害保険会社の営業から農家として独立した例では、実家が農業を営んでいて小さい頃から農作業を手伝い、いつかはやりたいと思っていた、広告代理店の社員は、小さい頃にテレビで見た豊かな米国の生活に対する憧《あこが》れが忘れられず海外移住した。学生時代から取り組んでいるスポーツや楽器演奏を梃子《てこ》に新たな自分を見出す人もいる。

小さい頃に得意だったこと、好きで好きで仕方がなかったことが、次のステップのカギを握っているケースがある。文章を書くこと、口笛を奏でること、大学の落語研究会で演じること、小さい頃の大道芸人への憧れなどである。

またそういうポジティブな事柄だけにとどまらず、子どもの頃にコミットしていたことや、コンプレックスが重要なカギを握っていることもある。

地方公務員から職人に転じた人も、技術的なレベルはもちろん高かったのであるが、小さい頃から消極的な性格で、「もう一歩前に出てほしい」などと小学校の時の通知簿に書かれていたという。公務員になってからも地味な部署を渡り歩いたので、「今までの自分を変えるにはこのタイミングしかない」と思って職人の世界に飛び込んだのである。

美術家の横尾忠則《よこおただのり》氏は、大人になってからの経験は知識の延長で、自分にとっての創作は、10代までに溜め込んだ言葉にできない思いを吐き出し続ける行為だと言う。「いまも故郷の景色に居座って、そこから一歩も出ていないという感覚があります」と述べている（モーニング編集部、朝日新聞社編『40歳の教科書NEXT』）。

横尾氏と私とでは理解の深さは全く異なるのだろうが、私自身も子どもの頃の興味や関心の枠組みから出ていないと感じたことがある。会社の同僚や取引先、取材に来てくれた記者たちは、会社員の私が取り組んでいた執筆のことを特殊な活動として理解していた。

ところが、中学や高校時代の友人に話すと違和感なく受け取ってくれる。「おまえは、昔から人の話を聞いて、それを別の人に面白く伝えるのが得意だったからなあ」と同窓会で言われたことがある。自分にはそういう意識は全くなかった。

言われてみれば、人に情報を伝えて喜んでもらうのは好きだったような気もする。もし友人の話が正しいとしたら、私は昔と何も変わらないことを今もやっているだけということになる。

ちょっと変な話だが、私には子どもの頃に疑問に思っていたことが3つある。

「人は死んだらどこに行くのか?」「宇宙の果ての果てはどうなっているのか?」「昨日の自分と朝起きた自分は、本当に一緒の自分なのか?」ということだ。どれも解決を見ていないが、文章を書いていて時々、これらの課題が顔を出すことがある。

私の定年の挨拶状には「どこの組織にも、学校にも通わない無所属の時間を持つのは、5歳までさかのぼることになります。これを機会に、子どもじみたことをいろいろやってみるつもりです」と書いた。まだまだ私の子ども時代には宝物が眠っているはずだと思っている。

雇用延長の選択は分岐点

74歳まで健康で自立して過ごせることを前提とすれば、60歳での定年退職時に、雇用延長するかどうかというのはポイントになろう。60歳から74歳までの黄金の15年のうち、3分の

1にある期間を今までと同じ会社で働くかどうかである。

雇用延長制度の取り扱いも会社ごとに相当違っていて、社員の社内でのキャリアによって働き甲斐《がい》や居心地のよさも変わってくる。つまり再雇用制度のメリット、デメリットは個々の社員によって異なるのだ。

再雇用を選択した人の意見を幅広く聞いてみると、再雇用になって給与は減るものの「好きな仕事を続けることが嬉《うれ》しい」という人もいれば、現役時代よりも「時間や業績に追われなくなること」や「周囲の評価を気にしなくてすむ」ので再雇用の働き方を気に入っているという人もいた。

一方で、「定年前と同じ仕事をしているのに給与額は4割にダウンするのは納得できない」や「電話番や単純作業なので過去の能力の蓄積が全然活かせない」と憤っている人もいる。「かつての部下から顎《あご》で使われるのはたまらない」という人までいた。

そういう再雇用の個別のメリット、デメリットだけではなく、自由で自立して動ける黄金の15年のライフステージをどうするかの観点から考えてみることも重要だ。

14頁で、雇用延長を予定している人が「自分の親は60代後半で亡くなった。それを考えると残りはあと10年だ」と語った時に、その発言を聞いた人の頭に浮かんだ「残りの人生はそんなに短いのか」という反応があったことを思い出してほしい。会社で引き続き働くという選択が、残りの人生の短さに見合ったものであるかどうかを各自が思案したのである。

それでは、ライフサイクル面から見て、その切り換えのポイントは何か。

17頁に書いたように、定年時点で今後の人生をどのように過ごしたいかという自身の主体的な意思や、新たな生き方を見出そうとする姿勢が大事だろう。主体性がなければ、人生の意味を見出すことは難しいからだ。

黄金の15年を輝かすべく思い切って裸一貫からでもやっていこうと思えば、雇用延長に手を挙げるという選択はないだろう。一方で、定年退職しても何もすることがなく、孤独な日々になることが想定されるのであれば、とりあえずは雇用延長を希望しておくという判断もある。また経済的な面も考慮には入れておく必要があろう。いずれにしても諦めずにチャレンジする気持ちは持っておきたいものだ。

またこの主体的意思や新たな生き方を見出す観点からすれば、やはり50代から「定年後」を検討することが妥当に思える。

このように、自分自身のライフサイクルの中で60歳から64歳の再雇用期間をどのように位置づけるかは重要だ。何も考えていなければ、黄金の15年をふいにしてしまうかもしれない。

私が気になるのは、会社員の中には、会社での仕事が苦役だと考えている人が少なくないことだ。その苦役をさらに5年間延ばすことは得策ではないだろう。せっかく生まれてきたのだから、自らの人生を大切にしたいものだ。

第5章　社会とどうつながるか

重い夫婦、軽い夫婦

定年前に家族と一緒に大型客船で10日間旅行したことがある。在職中の最後の長期勤続休暇を利用した。

神戸から出発して、奄美大島《あまみおおしま》、沖縄を経て台湾《たいわん》まで行って戻ってくるというコースだった。日本人客の中心は60代の夫婦。いわゆる団塊の世代だった。

船内ではレストランでほかの乗客と一緒に食事をとり、オプショナルツアーでも顔を合わせるので互いのことが分かってくる。船旅も後半になると、一緒にいることが苦痛に見える夫婦もいれば、互いに会話を楽しみながら旅を続けている夫婦もいた。

私は失礼ながらも勝手に、それぞれ、重い夫婦、軽い夫婦と呼んでいた。

ある奥さんは、夫と一緒なのが耐えられないという感じだった。船内でもそうだが、オプショナルツアーの時もできるだけ夫と離れて行動していた。違う土産物屋《みやげもの》に入るとか、一人でコーヒーを飲んでいるとかである。

たしかに船内の客室は狭く、夫婦は四六時中一緒に行動することが多い。そのため息抜きしたいという気持ちは分からないでもなかったが、それにしても、離れていたいという態度が露骨だった。私の妻も同じことを感じていた。

旅程の後半は、この重い、軽いの違いは何かということを考えながら、食事やツアーでの会話を重ねた。軽い夫婦の夫は、まだ組織で働いているか、事業をしていた。ボランティアに取り組み、少年野球の監督を務めている人もいた。社会で何らかの役割を担っていたのである。

それに対して、重い夫婦の夫は、会社を退職して家でゆっくりしている人が多かった。社会とのつながりが薄い分、妻の方に寄りかかっているのだろう。夫のもたれ方の度合いと妻との距離感が相関しているように思えた。

つまり夫が明るく柔らかい感じの夫婦は、妻とのコミュニケーションもスムーズであるが、夫が不機嫌な様子の夫婦は妻との関係もシンドイように思えたのである。

多くの定年退職者の話を聞いている今から考えるとあまり違和感はないのであるが、その当時は印象的だったのである。

また、重い夫婦の夫が語る話からは、「定年退職者の就職は厳しい」「今後の高齢者対策には期待できない」「グローバル時代にはついていけない」など、自分のことを総論で語る人が多かったので、私にはマスコミ報道の受け売りのように思えた。また、自らの定年退職を人生のゴールのようなニュアンスで話していた。

考えてみれば、国には高齢化対策があったとしても、個人個人には自らの老後の問題があるだけだ。高齢者の就職が厳しいと新聞に書いていても、自分は例外になるかもしれない。また、勤めている会社がいくらグローバルな仕事をしているからといって、そこで働く社員がすべてグローバルにならないといけないなどということはないはずだ。話を聞いていてなぜそのような発言になるのか不思議でならなかった。

この船旅ではもっと高齢の夫婦もいた。船長主催のパーティーでは、タキシードと着物姿で現れてとてもおしゃれだった。話を聞いてみると、このパーティーを楽しみに船旅に参加しているという。

80代と思しき数組の夫婦が仲よく相手を支え合っていたのが印象的だった。おそらく互いに最期を看取《みと》る相手として、60代とは異なる感情が湧いてくるのではないかと勝手に推測した次第である。第4章で見たように、自立した生活が難しくなる75歳を過ぎれば、社会とのつながりよりも居場所としての家庭の比重が大きくなるのだろう。重い夫婦、軽い夫婦の差も、80代にもなれば縮まるのではないかと思ったのである。

社会とのつながりを持つこと、および自らの居場所を確保することは、いずれも定年後の過ごし方として重要なポイントになる。この章は社会とのつながりを、第6章は定年後の居場所を中心に述べていきたい。

社会と間接につながる

私が新入社員の時に奇妙に感じたのは、お金を扱わないで、電話をかけたり、書類を作成したりするだけで、給料がもらえることだった。私の両親は薬局を営んでいたのだが、母が閉店後に、毎日の売上金から仕入れに回す分のお金、食費、光熱費のお金などを封筒に入れて分別して整理していた。

このことから、個人事業主は社会と直接的につながっているが、会社組織で働く社員は会社を通して社会と間接的に向き合っていることに気がついた。

つまり一人一人の社員は、仕事のパーツ、パーツを受け持つ分業制だから、電話を取り次いだり、書類を作成したりするだけで給料がもらえる。会社は、法人という形で、社会と直接つながっているが、そこで働く社員は、会社を通して初めて社会と関係を持っているのである。

個人事業主は、社会というか、社会の要請や顧客のニーズに直接相対している。しかし会社員は、組織を通して間接的につながっている。つまり分業制で働く会社員と個人事業主、フリーランスとの間では、社会とのつながり方に違いがある。多くの会社員は意識していないが、ここは重要なポイントである。会社員は分業によって仕事の一部分をこなせば事は足りる。しかし分業の便利さと効率のために、全体感を持ち得ず、本来個人としてなすべき体験をものにできない空虚さを抱えている。もちろん仕事に対する向き不向きがあるので、どちらがいいかという問題ではない。

私は現在、レンタルオフィスで執筆などに取り組んでいる。個人事業主やフリーランス、起業したばかりの元会社員などがこのオフィスには数多く入っている。

このメンバーの中には、「会社員から独立して初めて、自分の関心がいかに自身や上司、同僚にしか向けられていなかったかを痛感した」と語るデザイン関係のフリーランスもいる。

会社員とフリーランスを並行してやってきた私の立場から見ても、やはり会社員は社外に目が向かず、社会とのつながりについての意識が薄いことはいつも感じてきた。どうしても分業制の中で内向きの志向が強くなっているのだ。自分が社会から必要とされなくなるなんて、忙しいビジネスパーソンには想像もつかないかもしれない。しかしもともと社会と強固につながっているわけではないのだ。

繰り返しになるが、個人事業主は社会と直接的につながっているが、会社組織で働く社員は会社を通して社会と間接的に向き合っている。

さらには、会社の中で十分な役割を果たしていない社員がいないとも限らない。彼らは社会と間接的にもつながっておらず、切れていると言っていいだろう。しかしそれでも、会社が社会とつながっているので、その構成員であればなんとか安心感を得ることができる。しかし退職して会社から離れると、社会と何の関係も持っていないことが露呈する。第2章で述べたように、自分の名前を誰も呼んでくれないのもその表れの一つである。そして自己のアイデンティティに悩み、自分の居場所のなさに戸惑うのである。

何らかの形で社会とつながっていないと、定年退職者の行く末は厳しくなることが予想される。62頁に紹介した映画の主人公のシュミットも、退職後は、社会とのつながりが完全に切れた状態だった。唯一、アフリカの子どもたちを援助するプログラムをテレビで知って、6歳の少年の養父になり、少年に手紙を書くようになっただけである。

このように定年後の世界には厳しい要素がある。だからこそ今までの個人的な体験も活用しながら備えることが求められている。しかし、社会につながらなくなることを明確に意識している人は驚くほど少ない。

ニーズがつかめない

「定年後」を視野に入れて会社員と社会的な要請の関係についてもう少し考えてみたい。

会社であろうと個人であろうと、社会とつながるためには自らの得意分野を持って、社会の要請や他人のニーズに結びつけることが求められる。左のような等式になるだろう。

社会とつながる力＝X（自分の得意技）×Y（社会の要請や他人のニーズ）

Xは、取り組む内容が決まれば、努力を積み上げていくことで能力やスキルを高めやすい。ただし、ここで言う得意技は機能的なものに限定されない。人に好かれる能力であってもいい。極端に言えば、生まれたばかりの赤ちゃんが周囲から「かわいい」という気持ちを喚起して社会とつながることだってある。

このXの部分は、組織での仕事の延長線上でも対応できるので、会社員の比較的得意な分野だと言えよう。しかしY（社会の要請や他人のニーズ）をつかむことは簡単ではない。もともと言葉などでは言い表せない微妙なもので把握もしにくい。特に組織で働くビジネスパーソンの場合は、Yを自分で掘り起こさなくても会社が与えてくれる。社会と直接のインターフェイスを持っているのは、社員個人ではなくてあくまでも会社であるからだ。

多くの会社員は、このYをグリップする力が弱いので、会社を離れると途端に社会との関係が途切れてしまう。経済的には問題なくても、この社会とのつながりが持てずに悩んでいる定年退職者が多いのは、第2章、第3章で見てきた通りである。

私のところに相談に来る社員の中には、このY（社会の要請や他人のニーズ）に対する意識が弱いために、X（自分の得意技）の部分ばかりに重点を置いている人もいる。

たとえば、専門的知識を活かして人事コンサルタントを目指している人は、社会保険労務士の受験勉強にいそしみ、大学時代に学んだ労働法の知識が錆《さ》びつかないように努力することにも余念がない。これはこれで素晴らしい取り組みだ。

私は彼に、「あなたの言う専門性とはどういうことですか？」と聞いてみると、「他の人と差別化できるだけの高度な知識と経験を身につけることだと思います」という答えが返ってきた。専門性を磨くことが、独立するためのほぼ唯一の条件と考えている。

私が、「専門性は、専門知識を持っていない人に知識を提供して、役立ててもらう側面が重要ではないだろうか」と話すと、彼は少しきょとんとした顔をしていた。

ビジネスパーソンに「本を一冊書いてみよう」と勧めるセミナーを依頼されたこともある。その際も一番のポイントは、どうすれば原稿料がもらえるレベル、つまり他人に読んでもらえる文章にできるかという点だ。仕事における専門性が十分にある人でも、この点で雑誌などに掲載できるチャンスを逃している例は少なくない。ことほどさように、会社員やそのO

Bが、一人になってY（社会の要請や他人のニーズ）と付き合っていくのは難しい。

社会とつながる3つのパターン

定年退職者が社会とつながることを考えてみると、概ね3つのパターンがある。

まず、組織で働くという選択である。これは雇用継続で65歳まで元の会社で引き続き働くケースや関連会社で働く場合もある。またハローワークや民間の人材紹介会社、知人に紹介してもらう場合もあるだろう。

次に、以前の会社での業務と関連のある仕事に就く人たちだ。保険会社で営業を担当していた会社員がキャリアを活かして保険代理店を始めるような場合である。

次に、今までの仕事とは全く違う生き方に取り組むケースもある。蕎麦屋を開店したり、農家として独立するといった起業するケースもあれば、陶芸に打ち込んだり、昔の音楽仲間と一緒にバンドを新たに組んだり、僧侶《そうりょ》になったりする例もある。

どのような社会とのつながりを目指したとしてもそこには優劣はない。しかし数多くの事例を見てきた立場から言えば、次の2点にはこだわった方がいい。

1点目は、何に取り組むにしても趣味の範囲にとどめないで、報酬がもらえることを考えるべきである。

もちろんお金儲《かねもう》けを目的にせよと言っているのではない。しかし何か物事に取り組む時に、他人の評価をお金に換算する感度は持っていた方がいい。たとえ交通費や寸志であっても報酬があるということは、誰かの役に立っているということだ。その瞬間に単なる趣味ではなくて社会的な活動に転換すると言っていいだろう。またお金を稼ぐレベルを目指すことが自分の力量をアップすることにつながる。

私が執筆に取り組み始めた頃、「たとえお金が稼げなくても、いい文章を書いていきたい」と話すと、私淑していた先輩は「そんな言い方をしないで、明確にビジネスと位置づけた方が自分をグレードアップできる。お金にもこだわることだ」と忠告してくれた。

その金銭の額が、たとえ生活の足しにさえならなくても一向にかまわない。大切なことは、社会の要請に応えられるレベルの指標としてお金の価値をうまく使うことだ。

2点目は、望むべくは自分の向き不向きを見極め、自らの個性で勝負できるものに取り組むことだ。定年後の60歳から74歳までは自分自身を縛るものが少なく、かつ裁量を持って動ける黄金の15年である。人生後半戦の最大のポイントだという意気込みで、自分ならではのものを見出したいものである。

ハローワークで相談すると

定年または雇用延長が終了していったん退職しても、もう一度組織で働くことを目指すのは不自然ではない。むしろ当然の対応だと言えるだろう。

私も退職後、ハローワークで担当者に相談してみたことがある。希望の職種を聞かれたので、「定年前に経理部で取り組んだ経費チェックの仕事か、コインロッカーの管理の仕事」と答えた。担当者は「すごく具体的ですね」と驚いていた。普通は、人事や経理や営業などと言う人が多いらしい。

経理の仕事については、「簿記2級とか資格はありますか？」と尋ねられて「ありません」と答えると、すぐに「なぜコインロッカーの仕事がしたいのですか？」という質問に移った。「以前から興味があって、管理会社という内側からコインロッカーを見てみたいから」と答えると笑われた。「場合によっては本に書きたい」という言葉は呑み込んだ。

経理の仕事もコインロッカーの仕事も望み薄の反応だったので、いろいろ話を聞いてみた。やはり60歳を越えると、特別な技能や営業力がなければ正社員として勤めるのは難しい。現実には、パート的な仕事か業務委託の仕事になるだろうとの説明だった。例として、マンションの管理人、スーパーの駐車場での誘導係、工事現場での安全管理の補助などが挙がった。

また経理部から連想したのだろうが、デスクワークよりも現場で体を動かす仕事の方が決まりやすい、コインロッカーの管理の仕事はいいとは思うが、そういう求人はこのハローワークには来たことはないとの説明だった。

余談だが、コインロッカーの仕事については、その後知人の紹介で鉄道会社の子会社の社長に話をうかがったことがある。その会社はコインロッカーの管理の仕事だけではなく駅構内の売店の運営など諸々の仕事をしていた。コインロッカーに関する仕事は、パートではなく全日勤務の人しか採用はないと言われた。執筆との両立は難しいと考えて諦めた。

話を戻すと、メーカーを定年退職した知人は、ハローワークの求人に対して何度か履歴書を書いたことがあるが、いずれも書類選考ではねられたという。彼は、「表向きとは違い、実質的には年齢制限を設けている会社が多いのではないか」と推測していた。

一定の安定した仕事についている人は、かつての上司、先輩、取引先、友人などの人のツテを頼って見つけている人が多い。銀行を退職した人は、行員の出向先にするには少し基準に満たない会社を過去の上司から紹介してもらったと話していた。

私が在籍した保険会社で言えば、顧客に対して直接の販売力のある人はどこでも働くことができる、また最前線の販売管理者も銀行や証券会社なども保険販売に注力していることから新たな職を得ている人は少なくない。そういう意味では、現場から離れた管理職で、かつコネクションが薄い人の再就職は難しいようだ。ハローワークの面談の説明とそれほど隔たりはない。

健康で有能、かつ信頼できる人物がなかなか仕事を見つけられない話を何度も聞いていると、定年退職者専門の人材派遣会社も十分成り立つと思ったものだ。

取材の中で興味を持ったのは、50代前半で早期退職して、ハローワークや求人誌、ネット求人のホームページで職を探していた細見さん（仮名）のことだ。彼は私から見ても真面目で人柄もいいが、書類選考や面接で何度も落とされた。やはり彼も「年齢のネックは大きい」と語っていたが、結局ネットを中心に営業を展開する印刷会社にアルバイトとして採用された。

その会社ではすべてが現場なので、接客から伝票作成、物品の運搬など何でもやらないといけない。忙しい時には、社長も正社員もアルバイトも関係なく全員で梱包《こんぽう》などの力仕事にも取り組む。逆に仕事が暇な時には、勤務時間内でも帰れることがある。また購入した物品の受け渡しも、大手企業のように厳密な本人確認まで求めないことも驚きだったという。

大企業に在籍した彼の目から見ると新鮮なことが多く、結構楽しく働いている。アルバイトでいろいろな仕事をやってみるのも悪くないと思い始めたそうだ。

また、家から遠くないスーパーでパート職として働き始めた男性は、「定年までずっと事務職だったが、今の仕事は物品の運搬なども多く、体を動かすので爽快《そうかい》な気分になる。体重も減少して健康になった」と喜んでいた。

彼らの話を聞いていると、収入にこだわらなければ、いろいろな会社や組織で働きながら自分の世界を広げてみるという選択もあるかもしれないと思った次第だ。

増えるスポットコンサル

定年になったシニアが在職中の経験や人脈を生かして、短時間だけビジネスの相談に乗る「スポットコンサルティング」が増えているという記事が大手新聞に掲載された。雇用延長に比べ、シニア側は時間に縛られることがなく、企業側も必要な人材をピンポイントでコストも安く雇えるメリットがあるとされている。記事には2人のビジネスパーソンが紹介されていた。

「社会に出て、緊張感がある人は魅力がある。命ある限り働きたい」と電機メーカーで30年近く海外事業に携わった経験のあるHさん(66歳)は意気盛んだという。企業の海外進出を支援する会社に登録して豊富な経験に基づくアドバイスを企業に提供している。

その会社には海外事業経験を持つ2400人が登録していて、2時間単位で対面や電話で経営相談するスポットコンサルティングサービスや、1日単位で顧問になり、現地などにも同行する「グローバル顧問」の制度があって、中小企業など約200社が利用しているという。

Hさんもシンガポールでワイン事業を計画する企業のグローバル顧問となった。「フルタイムで働くと自分の時間が足りなくなり、無理して働くことになりかねない。適材適所で自由に働けるのが大きい」と話す。

メーカーの研究所で社長表彰を受けたことがあるIさん（67歳）は別の会社のスポットコンサルティングに登録。メーカーから研究開発の相談を受けて、対面や電話で、詳しいアドバイスを1時間単位で行う。

定年後、介護をしていた妻が亡くなり、「遊んでいてももったいない」と始めたそうだ。「フルタイムだと体力的にきついが、経験を生かしたかった」という発言が紹介されている。

同様にシニアに対してコンサルティングをマッチングしている会社がほかにも紹介されていた。同社は「高齢者が増える一方、労働力不足は続くので、こうしたサービスは増えるだろう」と予測しているという。

実はこの新聞記事の最後には、私のコメントが掲載されている。これらのスポットコンサルティングの流れについてどのように考えるかという取材を受けたからだ。

「ハローワークや人材紹介会社ではマッチングしない人も多く、働き方の多様性という観点では評価できる」と話した。ハローワークや人材紹介会社では仕事に対する選択の幅が狭いと感じている人が多い。先ほどの年齢的な制約もその一つである。スムーズに仕事が決まる人もいるが、うまくマッチングできない人の方がはるかに多い。

そういう意味では、ネットや媒介する会社がスポットまたは短期間のコンサルティング業務をマッチングすることは、定年退職者に対して幅広い選択肢を提供することにつながる。また2人が言うように、60代半ばを過ぎてフルタイムで働くことは体に無理を強いることにもつながりかねない。その意味でもこのような流れは評価できる。

記事の最後で私は「在職中から自分の能力を磨かないと通用しないが、それができる人材がどのくらいいるのか。組織を離れてゆっくりしたら何もできなくなる人もいる」と指摘している。

当然ながら、このようなコンサルティング業務では、成果もきちんと出すことが求められる。ここに紹介されている2人は、専門性を持っていて、全体としては少数派と言えるだろう。しかしこのようにして社会とのつながりができれば、定年後の生活がぐっと輝きを増すことは間違いない。

メーカーの部長から美容師へ

第2章でも述べたように、私は会社員から転身して次のステップで「いい顔」で活躍している方々への長時間のインタビューに取り組んできた。主に中高年以降に転身した人たちだ。

一覧表（転身者へのインタビューの一部抜粋）の中には定年退職まで会社に在籍した人もいれば、それよりも前に退職した人もいる。

○メーカーの部長職 → 美容師
○生保会社の部長職 → 保険分野の大学教授
○総合商社の営業マン → 物書き
○信用金庫支店長 → ユーモアコンサルタント
○鉄鋼会社の社員 → 蕎麦打ち職人
○電気メーカーの管理職 → 高校の校長
○小学校教師 → 市議会議員
○損害保険会社の社員 → トマト農家
○市役所の職員 → 大道芸人
○薬品会社の人事担当役員 → セミナー講師
○石油会社の社員 → 翻訳家
○メーカーの営業マン → 墓石販売
○通信会社の社員 → 提灯職人
○スーパーの社員 → NPOの職員
○外資系企業の営業マン → 地元のNPOの常務理事
○ゼネコンの社員 → 社会保険労務士
○広告代理店のプランナー → レストランのオーナー
○地方公務員 → 耳かき職人
○製薬会社の営業マン → 釣具店のオーナー
○NHKの放送記者 → 落語家

当時のヒアリングした中から何人かを紹介してみよう。

メーカーを58歳で定年退職した藤《ふじ》田《た》巖《いわお》さんの退職時の挨拶状を読んだ人は驚いた。そこには介護ができる美容師を目指し、60歳までに自分を追い込むかのように美容室を開業する宣言が記されていたからだ。

藤田さんに美容師を目指させたのは、50歳で読んだ新聞記事だった。施設で寝たきりだった92歳の老女がボランティアの美容師に髪をきれいにセットしてもらったのをきっかけに、元気に歩けるようになったという内容だった。「医師にもできないことを美容師がやれるのだ」と心が動いた。

それまで藤田さんは、営業を中心に順調に実績を積み、出世街道を走っていた。ところが45歳の支店長時代、3か月間のリフレッシュ研修を受けて支店を離れていた。初めは支店の業績が心配だったが、しばらくして自分がいなくても組織は回ることを知って逆にショックを受けた。そうして仕事以外に打ち込めるものを探していた時に、この新聞記事に出会ったのだった。

会社勤めをしながら美容師資格を取得するのは容易ではない。特に実技には苦戦し、通常1年のところを3年かけて習得した。国家試験には2度落ちた。3度目の挑戦は背水の陣の覚悟で、毎朝出勤前に人形を相手にカットの練習を続けた。美容師を目指していることは会社の仲間には一切言わなかった。

結局、資格を取るのに7年かかった。しかし退職した時には、美容師のほかホームヘルパー2級の資格も手に入れていた。退職後は英国のカット専門学校に2か月留学した。帰国後、国内の美容室で2年間修行したのちに横浜市で開業した。店では、車での無料送迎サービスを実施して、高齢者やハンディのある人の自宅や施設への訪問サービスにも取り組んだ。

開業してから15年。現在では、送迎と訪問サービスのある「カットクリエイト21」と、訪問美容室の「若蛙《わかがえる》」の代表取締役として、多くのスタッフを抱えている。また、自身も75歳の今も現役の美容師として施術を行っている。

会社での仕事を糧に転身

このほかにもスーパーマーケットなどに設置されている飲料水を提供する機械を手掛ける会社を経営する重田さん（仮名）にかつて取材したことがある。彼はメーカーの役員を退任して61歳で起業した。

役員になるまで技術者として製造現場一筋で通した。若い頃から日常の業務をこなしながら、新規事業の開発にも取り組んだ。部下には、社外でも通用する技術を目指せと発破をかけた。自らも論文を書き、学会発表もしていた。

役員退任後、セラミックによる水処理分野で起業した。従業員数人のベンチャー企業だ。当初は赤字続きで資金繰りも苦しかった。退社する従業員も出て、銀行も冷たくなる。元気な重田さんも暗い顔になり、眠れない夜が続いた。これではいけないと、ビジネスプランを組み換えて再出発した。見かねた妻も手伝った。その後、飲料水の機械がスーパーマーケットに売れ始めて経営は軌道に乗った。

取材にうかがった時、オフィス兼研究室にベッドも置いてあり、重田さんは月に何日かしか自宅に戻らないこともあった。経理を見ている妻は「定年になって退職したら、ゆっくり海外旅行でもできるかと思っていたのに」と笑いながら話してくれた。

会社員時代は、他社との競争に明け暮れた。退職後は「自分ならではのもの」に熱い気持ちを持ち、世の中に貢献できていると重田さんは自負していた。

また、若い頃から保険会社の調査部門に長く在籍した村岡さん（仮名）は、保険の実務を踏まえた法制や税制、海外の保険会社の動向などの調査研究で業界でも目立つ存在だった。また社内の後輩や業界の若い人にも自らの持つ知識や研究内容をオープンにする姿勢もあって多くの人に慕われていた。そういうこともあって、40代後半には国立大学の客員教授として2年間教壇に立った。

その後は、会社に戻り要職を務めたが、大学での学部生・院生と過ごした日々や研究生活が忘れ難く、50代で早期退職して私立大学の専任教授に着任した。

大学の研究室で話をうかがった時に、学生と一緒にソフトボールに興じるのが一番楽しいと語っていた。会社での役職や上下関係にそれほど関心のなかった村岡さんが社会とのつながりを見つけたのは、学生と一緒に学ぶ大学での生活だった。

美容師になった藤田さんのように、会社の仕事とは全く関係のない仕事で転身した人もいれば、起業した重田さんや大学教員に転じた村岡さんのように、会社員当時に培ったものの延長線上で社会とのつながりを築く人もいる。

商社マンから物書きへ

布施克彦《ふせかつひこ》さんは元商社マンだった。鉄鋼貿易部門にいて計4回、15年間の海外勤務も経験した。入社当時は高度成長期。若い社員にもどんどん仕事が任された。だが、30代後半になると円高、貿易摩擦などで急速に組織の活力が失われた。将来の自分の働く姿が見えにくくなった。

もっと情熱を持てるものはないかと探し始めた。アフリカ、ヨーロッパ、米国で働いて気づいたことを人に伝えたいと思い、物書きになろうと決意した。43歳の時だ。サラリーマンを50歳で引退する計画を立て、通信講座で文章を学び始めた。希望者が少ない、当時の発展途上国での勤務を希望した。手当が多く、収入を増やす現実的な手段だと思ったからだ。その結果、インド勤務を命じられ、現地の支店長を務めた。

51歳で商社を早期退職してメーカーに転職。その後も物書き修業を続けた。しかし出版社に原稿を持ち込んでも、なかなかよい返事は得られなかった。その後、ミニコミ誌への投稿が縁で出版社の編集者と知り合った。彼の助言で企画を練り上げ、本を出すことができた。

タイトルは『54歳引退論』。団塊の世代に向けてサラリーマンがどう生きればよいかについて論じた。自分の体験も多く盛り込んだ。その後も海外生活の経験も生かした日本人論や世代論、商社や貿易事務に関する書籍など、継続して多数の本を著している。

本を出すまでの10年を超える長い準備期間は、そのプロセス自体が楽しかったという。そして布施さんは70歳を目の前にしても意気軒昂だ。

布施さんは当初は50歳で引退する計画を立てたという。彼のように年齢的なことを強く意識している転身者は少なくない。

定年までの5年間が最後のチャンスだと考えて早期退職し、保険関係のサービス会社を起業した人や、定年後に年金生活だけになるのは嫌だと、50代半ばに転身して墓石の販売店をするために独立した人もいる。

50歳頃に、残りの人生が30年あるならもう一回別のことに挑戦したいと考えて、古美術関係の仕事に転身した人もいた。彼らは自分のライフサイクルを意識しながら自らの立場を変えている。

また一見すると、メーカーの管理職から美容師、商社マンから物書きにと、全く異なる仕事に転身しているようにも見えるが、話を聞いていると、会社員時代に培った能力や経験、自らの得意分野をうまく使っていることに気がつく。

多少割り切って言えば、中高年から全く新たなことに取り組んでも、長年の組織での仕事で培ったレベルに到達することは容易ではない。今まで取り組んできた仕事を直接、間接にカスタマイズして社会の要請に応えられるものにすることが力を持つ。

得意なことに軸足を移す

ユーモアコンサルタントという一風変わった職業を名乗る矢野《やの》宗宏《むねひろ》さんは、学生時代、関西大学の落語研究会の部長で活躍した。１９７９年（昭和54年）の卒業時には、お笑いの世界にも魅力があったが、手が届かないと考えて信用金庫に就職した。

支店での預金、融資、渉外を経験したのち、本部の営業部門にも在籍して大阪南部の支店の支店長まで順調に出世した。

支店長としての成績はまずまずだったものの、当時は金融界への風当たりが強いバブル後の時期だった。ストレスが多く、矢野さんは「仕事をこなすことでいっぱいいっぱいだった」と述懐する。

取引先企業に貸出金の返済を迫らないといけないことも多かった。休日も頭の切り換えができず、家でテレビを見ながら「あの社長は辛いやろなあ」などと思った。月曜日の朝に目を覚ますと、首の後ろ側に焼き火箸《ひばし》を押しつけられたような痛みを感じることもあった。不思議なもので、それでもネクタイを締めるとなんとか会社に行くことができた。

40代も後半になって今まで頭に描いていた「笑いをビジネスに生かす活動」を本格的にやりたい気持ちが強くなった。矢野さんは信用金庫内にできた「お笑い研究会」に参加して老人ホームや福祉施設などに出向いて落語などを演じる活動にも長年取り組んでいた。

妻に退職のことを恐る恐る打ち明けると「やりぃ、応援するわ。おとうさんやったらやれるわ」と即座に賛成してくれた。子どもの大学までの養育費もなんとか見通しがつきそうだったので、40代後半に転身を図った。

還暦を過ぎた現在の矢野さんは、信用金庫での渉外の仕事や支店長の経験を背景に、JA（農業協同組合）などでの研修の仕事もこなしながら、笑いの効能について語るユーモアコンサルタントとして全国を飛び回っている。支店長時代に比べるとストレスは格段に少ないという。心配した収入も前職時を上回るようになった。

矢野さんは「得意なことに徐々に軸足を移しておくことが大切です。私は〝笑い〟がなければ好きな道に進むことはできなかった」と語る。

時間をかけて、じわりじわりと好きなことに近づいていくことは、組織の中にいても可能であるし、定年後にも有力な武器になる。

矢野さんのように好きなことや得意なことを糧《かて》に新たに社会とのつながりを見つけた人は

いつも元気だ。

「六〇歳から始める小さな仕事」

定年後や中高年になって新たな仕事を始めた人たちばかりを紹介している本もある。『六〇歳から始める小さな仕事』（瀬川正仁《せがわまさひと》著）は、「序」に「定年後は本物の『仕事』に出会うチャンス」と書かれていて、私が転身者に対して行ったインタビューのスタンスにも近い。

同書は必ずしも会社員だけが対象ではないが、60代で自分なりの小さな仕事を始めた人が中心だ。具体的には、古本屋、蕎麦屋、パン屋、リフォーム店、葬儀屋を開業した人もいれば、役者、僧侶、漁師、タクシー運転手、通訳・翻訳家、花農家になった人など、全部で28人の事例が紹介されている。

第2章で述べたように、私は自分が今後どうすればよいかのヒントを得るために転身した人に話を聞きまくった。自分と対象者との共通した点、相違している点に重点を置いて自分との往復運動をするのが目的だった。それに対してこの本では、取材対象者と一定の距離を保ちながら、新たな仕事を発見した人たちのキャリアを落ち着いたトーンで丁寧に描き出している。

一方で共通点も多い。たとえば定年は組織で働く会社員にとっては大きなターニングポイントであるが、社会とのつながりをつけるという意味では、自分自身の内面の気持ちや個人的な出来事が契機になっていることが多い。

たとえば141頁の藤田さんと同様、会社員から美容師になった女性も紹介されている。藤田さんは45歳の時に「自分がいなくても組織は回ることを知ったこと」から新たな道を探し始めた。この女性も「四〇代半ばを過ぎた頃から、なんとなく先が見えてしまったような気がしてきた」ことがきっかけであるという。2人とも会社には何も言わずに、美容師の資格を取るために苦労しながら次の道へと進んだ。

左記に、私の取材とこの本との共通点を挙げてみる。

○助走の大切さ

「定年後、趣味を仕事にしたいと思っているのなら、少なくとも、会社にいる四〇代ぐらいのときから、市場調査をしたり、それなりに商売のやり方を考えておく必要があると思いますよ」。これは出版社を定年退職した直後に古書店を開業した人の発言だ。多くの人が定年より前に動き始めている。やはり、会社員人生の後半戦である40代後半や50代から少しずつ助走を始めるのが、スムーズな定年後につながる。

○子どもの頃の自分に立ち返る

小さい頃からものづくりが大好きで、手作りの模型飛行機などを作っていた電機メーカーの社員が定年後に「リフォーム屋」になってレベルの高い仕事を手掛けている例や、子ども時代に見た東映のチャンバラ映画などの懐かしい場面が原点になって、生活協同組合の仕事から地域に根差す映画館の支配人になった人も紹介されている。宝物は自分の外にではなく、やはり自らの子ども時代に眠っているというのが私の実感だ。

○会社員で培った能力や力量を役立てている人が多い

この『六〇歳から始める小さな仕事』の著者も、「第二の仕事をビジネスとして成り立たせている人の中には、現役時代から社内起業のようなことをしてきた人や、営業の第一線で活躍してきた人が多いことに気づかされる」と述べている。社会とつながるためにはただ好きでやっているということだけでは足りないのかもしれない。

たしかに私が話を聞いてきた人も、直接、間接に会社で培ってきたスキルをうまく使っているという印象がある。会社員の経験が物を言うケースは少なくないのである。

「脈絡なく私は動いている」

先ほどは助走が大事だと述べたが、もちろん定年後から始めて次のステップに進んでいる人もいる。また、確固たる職業とは言えないまでも、自分の個性を活かしながら社会とのつながりを作っている人もいる。

メーカーに37年間勤務して定年退職したのちに、社会人大学院で学びながら、資格を取得して暮らしの課題を中心にアドバイスするファイナンシャル・プランナーとして活動している人もいる。彼は同時に、NPO法人やボランティア団体で高齢者支援や地域活動にも関わっている。

また、生命保険会社を定年退職後、公的資格の取得も考慮に入れてパートで働きながら、在職当時から興味を持っていた民衆による芸術品や工芸品を研究するために大学院に通いながら博士論文に取り組んでいる人もいる。

彼のように週に3日は会社に勤めながら、残りの時間に自分の興味のあることに取り組むといったやり方もあり得る。家にこもるか自立かの二者択一が定年後の生活ではない。いくつかの活動や働き方を並行しながら「合わせ技一本」にしてもいいのだ。週に何日か嘱託の形で会社に勤めながら、地域の高齢者施設や障がい者施設で車の運転や介助に取り組んでいる人もいる。

なかには「脈絡なく私は動いている」と言いながら、定年後の時間をいい意味で忙しく過ごしている92頁に登場した藤波さんの事例も参考になるだろう。

彼はメーカーに勤務していた50歳の時に、人生設計セミナーを会社で受講した。その時に定年後の1週間をどのようにして過ごすのかというシートを前にして何も書けない自分に気がついた。

その後は、家と会社以外で何かやってみようということで、興味あるものに脈絡なく取り組んだ。いくつものNPO団体に関わりを持ち、キャリアコンサルタントや産業カウンセラーの資格を取得した。乗馬やスキューバダイビングにも挑戦したこともある。また関心のあった心理学を放送大学で学び、健康生きがいアドバイザーや青少年育成アドバイザーとして地域での活動に取り組むこともある。

実は藤波さんは、定年後に私が主宰する研究会に参加していた時に、たまたま横に座った参加者に名刺を渡したところ、その名刺にキャリアコンサルタントの資格を書き込んでいたことが縁で、ハローワークのセミナー講師も2年間にわたって経験している。

藤波さんの話をいろいろ聞いていくと、脈絡がないと本人は言われるが、彼自身の興味、関心があるという意味では取り組みに統一性がある。あえて言えば、高齢期の生き方、地域社会のこと、自分の内面の充実というあたりだろうか。

「仕事」「ボランティア」「地域活動」といった世間のカテゴリーにとらわれるのではなく、彼のように自らの興味、関心があるものを積み重ねるというやり方がうまくいくことが多い。心の中から湧き出てくるものでなければ物になりにくいのだ。そして主体的な意思で取り組めば、三日坊主でも3日分は進歩する。また、一見無駄と思えることものちに意味を持ってくることがある。藤波さんは60歳で定年退職してから5年になる。しかし退屈したことはないそうだ。

100歳を越えても現役

2016年(平成28年)1月のテレビ番組(Eテレ「NHK教育テレビ」)の「SWITCHインタビュー達人達」で、当時104歳の医師・日野原重明《ひのはらしげあき》さんと103歳の美術家・篠田桃《しのだとう》紅《こう》さんの対談番組があった。

読者の方々もご承知の通り、日野原さんは、聖路加《せいるか》国際病院名誉院長などを現在も務め、現場で患者の診察もしている。講演会やイベント、面会などでスケジュールはびっしりで地方への出張もある。番組出演の時間を取るのも大変だったと、テレビ局のウェブサイトにも書かれていた。

一方の篠田さんも今なお現役の美術家として活躍されている。番組で紹介された篠田さんの水墨の抽象画とも呼ばれる作品はいずれも見事だった。見る人に自由な想像力をかきたてる迫力がテレビ画面からも伝わってきた。

ともに100歳を越えた二人なので話がうまくかみ合うのかと思ってテレビを見始めたが、素晴らしいやり取りの連続で画面に見入ってしまった。日野原さんが対談中に寝入ってしまった場面も微笑《ほほえ》ましかった。

日野原さんは小学生向けに命の授業も行っている。そこでは「命を誰かのために使いなさい」と熱く語る。一方の篠田さんは、自分勝手に生きてきたと言いながら、「何もやりたいことがないから解決策も分からない」という街頭インタビューでの若い人の発言を聞いて、それは「我々年を取った人たちがあまり楽しそうにしていない」からで、「老いたる人の責任かもよ」と自らを振り返る。こういう考え方ができる老人を初めて見た思いだった。二人とも若い人たちに語れる力を持っていることが分かる。

同時に、二人の違いも随所に感じられた。たとえば10年先の予定までびっしり書き込み、目標を大切にする日野原さん。一方の篠田さんは目標も立てず、「その日その日の風にまかせて生きている」と発言している。概念的、理論的な日野原さんに対して、篠田さんはあくまでも現実的である。しかしこの二人のやり取りは、決してすれ違いにはなっていない。むしろ対話によって各自の発言の説得力が高まっている。

それは二人ともが今なお現役であることが大きい。どれだけお金を稼いだか、どんな役職やポジションにいたかよりも、現役でいることがすべてに勝るのではないか。対談の中でも、寿命は人それぞれだという話があったが、最期まで命を燃やして生きなければ二人に叱られそうな勢いを感じた。

プロローグで定年退職前のライフプラン研修で左記の点が取り上げられることを述べた。
①受け取る年金額をきちんと計算して老後の資産を管理すること
②今後長く暮らすことになる配偶者と良好な関係を築くこと
③これから老年期に入るので自分の体調面、健康にも十分留意すること
④退職後は自由な時間が生まれるので趣味を持たないといけない

現役で社会とつながっていれば、わずかながらも収入を得ることができて生活にも張りが出る。そうすれば生活リズムも健康も付いてくる。ずっと家にいて妻に嫌がられることもない。無理に趣味を探す必要もなくなる。すべて解決がつく。

二人のように100歳を越えて現役というのは誰にでもできることではないが、高齢になっても社会の一員として生きようとする意欲はやはり大切なのだろう。

第6章　居場所を探す

「専業主婦と定年退職者は似ている」

私が主宰する研究会で地域活動の話題になった時に、出席した女性が「転勤してきたばかりの専業主婦と定年退職者は似ている」と語り出した。

彼女は長男がヨチヨチ歩きの時、夫の転勤で全く見ず知らずの土地で暮らすことになった。初めての子育てでもあり、誰にも頼ることができずに不安でいっぱいだった。

その時に、近所の公園で母子が遊んでいれば自分から積極的に声をかけて、なんとか仲間に入ろうとした。また、商店やスーパーでもその地域のことを店の人にいろいろ聞いて、早く土地に慣れようとした。安心して子どもの世話ができるために必死だったという。

それに比べると、「自分が知っている定年退職した男性は地域に溶け込む努力が足りない」と彼女は言う。地域のことを知ろうとはしないし、自分から頭を下げて教えてもらうといった姿勢もないというのだ。

その話を聞いたある定年退職者は、「子どもがいればとっかかりはできやすい。しかし我々は何をどうすればいいのか分からない。努力云々の問題ではない」と反論していた。どちらの言い分も分からないでもないが、たしかに地域で活動するといっても抽象的な言葉を使っているだけでは何も進まないだろう。この定年退職者のように「これではいけない」と思っていても、どうすればいいのか自分でも分からない人もいるのだ。

一方で、プロローグに述べた定年直前のライフプラン研修では、「定年退職すれば自分の活動の場、居場所は地域になります」といったことが言われる。

そういう言葉を真《ま》に受けてか、定年前には、「退職すれば、地域で何か活動かボランティアでもやるよ」と安易に発言する人もいる。そういう話を聞くと、定年後のことを頭でしか捉えていないと思わずにはいられない。

私も地域活動のことを熟知しているわけではないので偉そうなことは言えないが、積極的に活動せよと言われても戸惑う定年退職者が圧倒的に多いだろう。

当然のことだが、地域には会社員とその家族だけが住んでいるわけではない。商売人も職人も経営者もいる。アウトローと呼ばれるような人たちも住んでいるかもしれない。年齢層も子どもから高齢者まで幅広い。いろいろな人たちの利害が直接衝突することがないとは言えない。

また地域には、昔ながらのボス的な人がいるかもしれない。会社での論理や常識では通じない可能性もある。会社中心で働いてきた男性会社員が女性中心の地域に簡単に溶け込めないことは第3章でも述べた。

そして地域の活動が特に厄介なのは、近隣同士でもめ事や対立が生じても簡単には逃げ出すことができないことだ。会社のように転勤や転職の機会があるわけではなく、もめ事や対立があった時の調整のルールは明確ではない。

地域は、退職後の大切な居場所の一つで安らぎの場ではあるが、軽々しく考えない方が無難だ。もちろん地域の生活者としての最低限のマナーや助け合う姿勢が必要なことは言うまでもない。地域でのボランティアの場合も同様で、自分では他人のためを思ってやっているつもりでも周囲に迷惑をかけることもあり得る。

マンションの理事長から見える景色

私は現在、マンションの理事長をやっている。理事長といっても役員は輪番制でその中から選ばれただけなので、1年か2年でバトンタッチする前提だ。

住宅地にある小ぶりのマンションなので、特にもめ事もなく気分よくやっている。ただ、一定数の住居が集まっているので、各種の決め事や他の役員との相談事は少なくない。たとえば、大規模修繕工事をいつから始めるべきか、各住居から徴収する管理費を据え置くための支出削減策の検討、自治会に出席する役員の選出から、駐車場・駐輪場の管理、車の洗車場のルール等々。意見を集約するために各住居に対してアンケートを実施することもある。

そうしたなかで感じるのは、入居者同士の関係は決して濃いものにはならないだろうということだ。同じマンションに住んでいる人と深い付き合いを避ける気分が多くの住居者にある。特に男性にその傾向が強いと思われる。別のマンションの理事長を務めた人に聞いてもやはり変わらないそうだ。

私は神戸の庶民的な商店街で育ったので、おのおのの家は開けっぴろげで、誰の家の両親は仲がいいとか悪いとか、また店を切り盛りしているのはお父ちゃんの方かお母ちゃんの方かが子ども心にも分かっていた。昭和30年代では、まだ貧しさも残っていたので、近隣同士が互いに子どもの面倒を見たり、おすそ分けみたいなものも当たり前に行われていた。助け合わなければどうにもならないこともあったからだ。豊かな今は、隣にどんな人が住んでいるのかも分からない。これは時代だから仕方ないだろう。

地域の自治会の状況も、役員をしている何人かの人から話を聞いてみた。定年退職した会社員が自ら役員に手を挙げて活動している自治会もあるが、やはり役員も輪番制で会長も抽選で決めるところも少なくないという。また自治会費を打ち合わせの飲食代に使ったことが妥当かどうかでもめている話なども耳にした。すべての自治会がスムーズにいっているとは限らないようだ。

一方で、私がインタビューした転身者の中には、40代半ばから団地の管理組合役員を手始めに、アニメ上映、ミニコミ誌の発行などに取り組むとどんどん人の輪が広がり、自分の住む地域が、自由に絵が描ける真っ白いキャンバスに見えたという人もいた。また、活動を通じて「地元の子どもたちにとっては、ここが故郷なのだ」と思い知ったそうだ。

彼は若干の紆余《うよ》曲折もあったが、会社を退職して地域活動を行うＮＰＯの事務局長に着任した。かつて会社の中では自分の収まりどころを見つけられなかったが、「本当の力の振るいどころは自分の足元の地域にあった」と語る人もいたのである。本人の向き不向きに加えて、地域の持つ性格の違いもありそうだ。

のちにも述べるように、定年退職後の居場所にはいろいろなものがある。それぞれの人にとって居心地がいい場所を探せばよいのだろう。ただ自分の利益を中心に考えたり、自らは何もせずに手をこまねいているだけでは得られるものは少ない。何かが向こうからやってくるという姿勢では何も動かないと言えそうだ。

住宅地にある農園

地域活動の取り組みについていろいろ話を聞いていくうちに、主な担い手は女性が中心で、定年退職した男性が主体的に取り組んでいる例は少ないことが分かってきた。やはり、今まで組織のルールで過ごしてきた人が、定年退職を境にいきなり地域のルールで活動していくのは戸惑いがあるのだろう。

また社会福祉協議会などの地域の活動に取り組んでいる人たちも、定年退職した元気なシニア層の男性が地域の中にいることは意識している。ただ高齢者や障がい者の課題などに手がいっぱいで、対応まで考えが及んでいないようだ。

その中で一つ興味ある事例に遭遇した。大阪府豊中《とよなか》市の社会福祉協議会が都市型の農園を開設していて、その活動は定年退職者の男性を中心に運用されている。

豊中市は大阪の中心部にも近く、農地はほとんど残っていない。たまたま社会福祉協議会に土地を貸与してくれる人がいたのでその土地を「都市型農園」に変えて男性の社会参加の場にする取り組みを始めたという。農業＝アグリカルチャーから「豊中あぐり塾」という名前を付けた。広さは約３７０平方メートルあって、参加する男性会員は50名ぐらいになっている。

もともと宅地なので、みんなで開墾して土や肥料を入れて農園を作った。行政が貸し出しする市民農園はこれまで豊中市にもあった。しかし今回は共同ファームという形で、みんなで耕してみんなで収穫することによって、人と人とのつながりをつくることを目的としている。

実は私はこの「豊中あぐり塾」のほんの近くで4年ほど働いたことがあるので、「農園」と言われても初めはピンとこなかった。しかし実際に足を運んでみると、狭いながらも本格的に作物を栽培していた。

２０１６年（平成28年）の4月に農園がオープンして、キュウリ、ナス、トマト、シシトウ、ピーマンなどが豊作で、それを地域の拠点などで販売すると完売だったという。

現場で何人かに話を聞いてみると、みなさん定年退職した人ばかりだった。今まで地域のボランティア活動に参加していた人もいれば、全く初めて地域活動に取り組んだという人もいた。少し遠方から来ている男性は、この「豊中あぐり塾」のチラシを見てすぐにピンときたという。それまでは家で過ごすことが多くて、何か活動をしようと思っていたがきっかけがなかったそうだ。この活動に加わって元気になったと喜んでいた。参加している人がイキイキしている様子が私にも伝わってきた。

その要因は義務と責任が伴う共同作業にあるように思えた。仲間と野菜を育てるためには水をやったり、草を抜いたり、収穫したりといった日々協力して取り組む作業がたくさんある。そうした「しなければならないこと」や「自分の役割を果たすこと」が大切なのだ。しかもそうしたことは、長く組織で働いてきた定年退職者にはお手のものである。

第2章で見たように、多くの定年退職者は独りぼっちなのである。もちろんわずらわしさを抱えないという意味では心地よいかもしれないが、「関係を切る」ことが行き過ぎると自分の居場所は見つからない。他のメンバーのために何かをやらなければならない義務や役割、すなわち「関係をつくる」作業が求められる。

話を聞いていて面白かったのだが、収穫祭でそうめん流しをした時に、全体の図面を書く人、竹を切る人、装置を組み上げる作業をする人など、各自の得意な分野において知恵を出しながら協力して出来上がったという。隠れた能力を持った人はいっぱいいるのだ。

この「豊中あぐり塾」も試行錯誤なくしてはできなかっただろう。中高年の男性会社員は社会的に認知された組織のルールに従うことは得意であるが、そうでない団体のルールのもとではそう簡単に動かないからだ。豊中市の社会福祉協議会の牽引《けんいん》する力も相当なものであったはずだ。定年になった男性を中心にした地域活動の組織はほとんどない。しかしここに参加しているメンバーを見ていると、彼らは地域の活動をひっぱっていく力があると思われた。

「げんきKOBE」のラジオ番組

かつて毎週日曜日朝5時45分からラジオ関西で15分間の自主製作番組「60歳からげんきKOBE」を放送していた「げんきKOBE」という任意団体があった。

兵庫県主催の「シニアしごと創造塾」の塾生として集まったメンバーで、ラジオ番組の制作・放送を目指したのが活動のきっかけである。私が加入した当時のメンバーは9人で、平均年齢は60代後半だった。男性はほとんどが会社を定年退職した人で、夫婦で会員になって活動していた人もいた。

番組の放送内容には特に決まったテーマはなく、人とのつながりや新たな出会いを大切に「素人シニアらしさ」を活かしたテーマ選び・番組づくりを心掛けていた。

私はこの「げんきKOBE」に、途中から1年半の間加入して、会社員から転身した人たちに対するインタビューをこの番組で流した。具体的には、鉄鋼会社の社員から手打ち蕎麦屋を開業した人、NHK記者から落語家に転じた人、機械メーカーの社員から働くお母さんを応援する会社を起業した女性経営者、147頁のユーモアコンサルタントに転じた矢野さんなど、8人を10回にわたって紹介した。

この団体がラジオ番組を持つことになった経緯は、発足メンバーに業界に詳しい人がいたからだと聞いている。そのため本格的なラジオ局で番組を持つことができたのである。各人の放送日の担当を決めたうえで、取材や収録などは基本的に担当者が一人で行っていた。

そして毎週の会議で、担当者が取材して編集したものを試聴して、メンバー間で意見交換が行われる。そして推敲《すいこう》を重ね、月2回ラジオ関西のスタジオに持ち込んで、ラジオ局のスタッフの支援を受けて番組を制作していた。

定例の会議では率直で厳しい批評を述べ合うので、私は初めはその雰囲気に圧倒された。各人が製作の責任を負うので、途中で投げ出すことができない。それが緊張感を生んでいた。当時はスポンサーが1社ついていたが、それだけでは経費を賄いきれないので、各自が月7000円を出し合って運営していた。

民放のテレビ番組が取材に来たことがあった。その時の流れたニュースのタイトルは、『げんきKOBE』ただ今放送中!～定年後の居場所さがし～」だった。当時は意識していなかったが、私も定年後の居場所探しをしていたのかもしれない。

私は仕事の関係もあって途中で退いたが、「げんきKOBE」を解散する時の写真を送ってもらうと、みなさん晴れやかな顔をしていた。

先ほどの「豊中あぐり塾」やこの「げんきKOBE」の事例を見ても、定年後の居場所にするには参加する人の主体的な意思や活動が大事で、義務や責任や役割を持っていることがポイントである。

メガバンクから取引会社の役員に転じた知人が、銀行当時のメンバー数人で都内に事務所を構えて事務員を一人雇う話をしているという。「そこで集まって何をするのか？」と私が聞くとうまく答えられなかった。主体的な意思がなければ居場所にはならないのである。


「学びは最高のレジャーだ」


前章では、週に3日会社に勤めながら、かねてから興味を持っていたことを研究するために大学院で博士論文に取り組んでいる定年退職者を紹介した。彼は「学びは最高のレジャーだ」と語っている。

定年退職した人の中には、彼のように学びたいこと、研究したいことがあって、大学院、大学、カルチャーセンターに通いながら居場所を見つけている人もいる。

私も在職中、大学院に通った経験があるのでここで少し紹介してみよう。

転身者に対するインタビューを数多く手掛けたことは何回か述べてきた。当初は勢いよく続けていたが、すぐに限界も感じ始めた。会社員がインタビューするといっても相手にすんなり理解されないことがあったからだ。電話で十分説明したつもりだったが、「電話では怪しい物品販売の人かと思った」と言われたこともあった。

そう思っていた矢先、たまたま地下鉄の吊《つ》り広告で、社会人を対象とした大阪府立大学大学院（経営学、夜間）の入学案内のポスターを見た。

「そうだ、『キャリアチェンジの研究』ということにすれば堂々と会える」とひらめいた。ターミナル駅近くにサテライト教室が設置されていて、会社からは15分で通えることが分かった。50歳からの学生生活が始まった。

大学時代と違って少人数制なので、実際にはマンツーマンの指導を受けることができた。私の指導を担当した教官は、ビジネス界に籍を置いたことはなかったが、私の見解に率直に疑問を呈してくれたので、異なる観点から自分の考え方を見直すことができた。また一緒に学ぶ同級生とのつながりや彼らから受ける刺激も予想以上に大きかった。

電機メーカー、自動車メーカーを定年退職した後に入学した人、薬品メーカー、ＩＴ関連会社、外資系銀行などに勤めている会社員、会計事務所に勤めながら税理士を目指す女性、病院の職員や地方公務員、教育委員会から派遣された公立高校の教師など、顔ぶれは多彩だった。また、勤め人だけではなく、医師や中小企業の経営者もいた。

年齢も経験も多種多様で学ぶ目的も異なるメンバーが、机を並べて一緒に授業を受けて議論する。そこには顧客とセールスマン、上司と部下といった人間関係のしがらみはない。二十数年前の同質的な学生時代の仲間とは違うオツなものだった。私自身もいろいろな職場や出向を経験したとはいっても、二十数年間同じ会社で働いてきたので、職業経験の異なる人たちとの出会いには大きな刺激を受けた。それは私だけではなかった。

当時60代半ばの中小企業の経営者である「同級生」は、中学を卒業した後に働き、31歳で定時制高校を卒業して、私と同じ年に大学院に入学した。大手企業の勤め人や公務員と互いに学び、杯を酌《く》み交わすなかで、「私は初めてサラリーマンの気分に触れた」と発言していたのが印象的だった。

定年退職して学んでいた同級生同士はよく一緒に飲みに行っていた。とても楽しそうだったことを今も覚えている。彼らにとっては定年後の居場所の一つだったのだろう。

学びたいことや興味のあることがあっても、いきなり大学院や大学に入学するのは敷居が高いかもしれない。入学金や授業料も安くはない。このため試しに大学の聴講生になるという手もある。各大学では学部別に受講できる科目をオープンにしている。

現在、私は自宅に近い大学の聴講生になって、商学部の人的資源管理の授業に出ている。教科書を横に置きながら、会社員当時に経験した人事・労務関係を学んでいる。自らの経験と照らし合わすことができるので興味を持ちやすい。期末試験でヤマを張るのも新鮮だ。充実した大学の図書館も使える。もちろんカルチャーセンターや各種のセミナーで学ぶというのも主体的な意思があれば居場所になり得る。

自ら会合を立ち上げる

証券会社のセミナーで知り合った60代後半の安本さん（仮名）に話を聞いたことがある。彼はメーカーに長く勤めて60歳の定年で退職した。その後は、家でゆっくりしながら頭の体操をかねて小遣い程度で投資をやっているそうだ。ただ数年前に妻を亡くしてからは自炊しているので家の近くで過ごすことが多いという。

子どもたちの家族が家にやってくるのは2か月に1回くらいだそうだ。「一人では淋しくはないですか？」と率直に聞いてみると、年に数回開催される研究会に出るのが楽しみだという。企業の枠組みにとらわれずに、技術者が集まって、互いの技術や研究の成果を発表しあう私的な研究会だそうだ。安本さんはかつてその団体で幹事を長く務めていた。

そのため現役を退いてからも顧問の形で遇してくれる。また会社の後輩や当時から顔見知りの研究者、技術者も気楽に声をかけてくれるので居心地がとてもいいのだそうだ。開催されるのは2か月に1度くらいだが、「その会合に出た時には自分がイキイキできる実感が持てる」と話していた。

定年退職者が興味あるセミナーや研究会に参加するというのも、居場所としてはフィット感がありそうだ。囲碁や鉄道好きの仲間で集まっている会合もある。広い公園で模型グライダーを飛ばす連中が集まる会合はいつも盛り上がっているという話を聞いたこともある。酒席やゴルフのように、接待の延長の趣味もいいが、定年後は自分なりの本当に好きなことに取り組むチャンスでもあるだろう。そこの仲間と居場所を作るのだ。

私は大学院に通い始めた50歳から、自分が主宰する研究会を始めた。会社員はどうすればイキイキと日々過ごせるかという自らのテーマを掲げてみた。数多くのインタビューや取材で得たものを発信してみたいという気持ちもあった。

2006年（平成18年）4月が第1回で、17年（平成29年）3月までで69回を数えた。初めは「キャリアチェンジ研究会」という名前で発足して、今は「こころの定年／研究会」と称している。

当初の10回ぐらいまでは主に転身者をゲストスピーカーとして迎えて参加者で議論するという内容で運営した。その後は、私や参加者の関心のあることをテーマに議論している。場合によってはゲストを招いて行うこともある。

この研究会では、起業家、会社員、キャリアコンサルタント、大学教授、新聞記者、臨床心理士など、異なる職種の人が気楽に集まっている。毎回の出席者は10人余りだが、問題意識が近い人が集まるとそこに新たな出会いも生じる。

ゲストスピーカーが、出席していた新聞記者との縁を得て紙面に大きく取り上げられたこともあった。また参加者同士でビジネスのマッチングができた例もある。一方的な、教える→学ぶという関係ではなくて、いろいろな立場の人が自由に意見交換できる場を目指していたので、研究会の終了後は自由参加で会場近くの喫茶店で気ままに雑談することにした。結果として、この研究会は定年退職した私の居場所の一つとなっている。

先ほどの安本さんは興味あることを言っていた。証券会社のセミナーは参加するだけなので面白くならない。やはり幹事を務めるなど煩わしいことをやらないと居心地はよくならないというのだ。たしかにその通りだと思う。

私のケースでも、研究会の運営を仕切り、名簿管理から連絡、資料準備、会場の予約などすべて自分でやった。その結果、各参加者の求めているものがよく見えるとともに、会合が自分のものになった。社外の見知らぬ人とのやり取りには気苦労もあって、当初は研究会の翌日はとても疲れを覚えていた。でもそれが居場所につながったと言えそうだ。

最近は、都心でもいろいろな会議室を持った施設がある。メールなどを使えば幹事になってもそれほど労力はかからない。一人で複数のグループや研究会を立ち上げることもできるのだ。そしてもし参加者が集まらなくても、やめればいいだけのことである。

遠くの田舎より目の前のスマホ

テレビ朝日系列で放送されているドキュメンタリー番組に「人生の楽園」がある。200 0年（平成12年）から放映されている長寿番組である。

中高年になった夫婦が自然豊かな場所で第二の人生を送る姿を、周囲の人々との交流を交えながら描いている。夫婦は店舗を経営したり、農業を営んだりしながら新たな生活を築いている。その中には定年退職者も数多く登場する。

実は私が40代後半で会社を休職していた時によく見た番組だ。会社生活に疲れた時に田舎《いなか》暮らしにも憧れていた時があった。

最近、会社員当時の取引先の中条さん（仮名）にばったり出会った。二人の話題は当時の仕事のことではなく定年後の過ごし方になった。

中条さんは60代半ばになって、今の職場にとどまるか、退職して自宅で過ごすか迷っているという。地方の出身で高校の同窓会の幹事もしているということだったので、「地元に戻る選択はないのですか？」と聞いてみると、「都会で長く暮らした人間がいきなり田舎に帰ると生活が一変してしまう。人とのつながりもないのでリスクが大きい」と言う。

たしかに今まで都会暮らしだった人がいきなり自然豊かな田舎で生活するのは大変なこともあるだろう。私のインタビューの対象者でも「人生の楽園」に登場した人もいれば、長く都会で過ごした後に、実家の農業を継いだ人もいた。しかし中高年以降から田舎で人生を送る人はどちらかと言えば少数派である。

私自身のことを考えても、生まれた時から都会育ちなので、地方で生活することは現実的ではない。都会での刺激がなければすぐに飽きてしまうからだ。必要があってある地方の県庁所在地でチケット屋を探したが、市内に3店舗しかないことを知って驚いたことがある。

また中条さんが言うように、人とのつながりのない場所に移住するのはリスクが大きそうだ。田舎への定住の決め手は、そこで仕事ができるかどうかにあると思っている。

中条さんは、わざわざ田舎に行かなくても、ちょっとしたことでも生活のアクセントはつくと言う。たしかに、献血することで生活に張りが出た人や、地方の議会や裁判所の傍聴に行くのが楽しみになったという人もいる。

中条さんも最近趣味を見出したらしい。聞いてみると写真だそうだ。いろいろな写真を撮るが、特に凝っているのは航空機の写真だという。家から自転車で通えるところに空港を発着する飛行機を撮れるスポットがある。そこで撮った写真をFacebookなどのSNS（ソーシャル・ネットワーキング・サービス）にアップすることもあり、彼の写真が雑誌に取り上げられたこともある。実際の写真を見せてもらったが、かなりの出来栄えである。そのスポットが彼にとっては居場所になっているのかもしれない。そこでの写真仲間もいるそうだ。

彼が言うには、自分たちのような団塊の世代では、パソコンやSNSを使いこなせる人とそうでない人がいる。しかしそういうツールを使えないと人とのつながりが広がらないというのが実感だそうだ。たしかに写真を撮ってもアップする場所があるとないとでは違ってくるだろう。

考えてみれば、私が勤めながら執筆に取り組めたのも、デジタル機器やＳＮＳ、メールの存在が大きかった。手紙や電話だけでは数多くのインタビューをこなせなかっただろう。

これらのツールが普及したおかげで、人とつながる垣根が意識の面でも低くなっている。Facebookやブログを開設していること自体がすでにオープンな姿勢なのである。興味や関心のあることを自分の中だけにとどめず広く発信することも、居場所を作るための一つの方策になるだろう。中条さんによると、ＳＮＳなどは都会と地方との距離の差を埋めることもできるという。遠くの田舎よりも目の前のスマホかもしれない。

同窓会の効用

『定年から元気になる「老後の暮らし方」』など、医師の立場から中高年の生き方、健康に関する本も多数書いている保坂隆《ほさかたかし》氏は、総合情報サイト「プレジデント・オンライン」に「『同窓会』に出ると脳が活性化される」という副題の文章を寄稿している（「どこが違う？年をとって短気になる人、気長になる人」〔２０１６年〔平成28年〕11月28日付〕。

その中で、50代になると急に同窓会が増えるが、おすすめなのは昔の記憶を蘇《よみがえ》らせることだそうだ。小学校の同窓会で昔の思い出話をすると思い違いを指摘されたりする。そうして若い時の感動を思い出せば楽しい気持ちになってリラックスし、副交感神経が活発になるので健康にもいいのだそうだ。

たしかに50代以降の会社員に会うと、同窓会のことを語る人が少なくない。保坂氏のように健康面から見ることに加えて、2点ほどメリットがあると思われる。

一つは、会社員以外の人を知る一つの手段であることだ。第4章で述べたように、会社の枠内だけにいると、分業制の中で社会とのつながりを意識しないまま過ごしがちになる。しかし同窓会では、商店で商売している人、親の職業を継いで旅館を経営している人、職人やカメラマンなどのフリーランスになった友人にも会える。

そのため「会社員だけで世の中が成り立っているのではない」ことに気づいたという人が何人かいた。特に小学校や中学校の同窓会でそう感じる人が多いようだ。そういうことが「会社員としての自分」「定年退職者としての自分」を改めて知る機会になる。実際に退職すると、いかに自分が会社の人間としか付き合ってこなかったかということを実感する人は多い。これは自分の居場所を探す貴重なスタートラインになる。

もう一つは、すでに述べた通り、退職後の居場所は様々なものがある。ここで述べただけでも、地域での活動、都市の中の農園活動、ラジオでの発信、大学院などでの学び、自らの研究会を立ち上げる、田舎に帰るなどなど。これらはいずれも大切なことであるが、居場所を確保するために仲間を探して付き合うことはそれほど簡単ではない。骨が折れることも少なくないだろう。

そういう意味から言うと、学生時代の友人は同窓会で少し話をすれば昔の姿や性格も互いに知っているだけにすぐに懇意になれる。年齢も同じなので抱えている生活上の課題なども共通していることが多い。しかも定年後は気の合う人とだけ付き合えばよいので居心地のよい関係を作りやすい。私の高校の同窓生の何人かが、昔からの商店街の中に誰もが集まることができるスペースを確保して、まちづくりにも役立てようと活動している例もある。

定年退職者の話の中に同窓会の話題がよく出るのはそういう背景もあるのだろう。

私も大学や高校のクラス会には必ず出席するし、幹事もやっている。また、メンバーとは不定期で年に何回か会って情報交換も行っている。昨年久しぶりに行われた小学校のクラス会では、当時の先生も交えて語り合い、なんとも心地よい時間を過ごすことができた。

先ほど述べたように、メールやSNSをうまく使えば、同窓会も定年退職後の居場所を探すのに大切な場になるかもしれない。会社の同期と楽しく付き合っている人もいる。

同窓会や会社の同期会では過去の話ばかりになるので自分には合わないという人もいる。

そういう人は別の居場所を探せばいいだろう。

家族はつらいよ？

「男はつらいよ」シリーズで知られる山田洋次《やまだようじ》監督の映画「家族はつらいよ」(2016年〔平成28年〕公開)は、定年退職者の熟年離婚騒動がテーマになっている。各地域でも自主上映されている喜劇映画だ。

結婚50年目を迎える3世代同居の家庭が舞台。橋爪功《はしづめいさお》が演じる親父は、家事と子育てを妻に全部任せてきた定年退職者。今でも友人とのゴルフから帰宅すると、ズボンも靴下も脱ぎ散らかして妻に片付けをさせる亭主関白の親父だ。

妻は「お父さんといるのが私のストレス」と言い、自らの誕生日プレゼントに所望するのは「離婚届」。そこからドタバタ騒動が展開して家族全員が巻き込まれる。ピアノ調律師をしている次男の「不協和音は、美しい音楽を作るために必要なんだ」という言葉通り、最後にはなんとか丸く収まる。

この親父は、会社の仕事中心で働いてきて単身赴任もこなし、自分が稼いで家族を食わしてやっていると思ってきた。妻に感謝の気持ちを伝えることもない。

こんな昭和的な親父は、今の若い人たちが定年になる頃にはいなくなるだろう。しかし今はまだ健在だ。ラストシーンでは、1953年（昭和28年）に公開された小津安二郎《おづやすじろう》の映画「東京物語」の場面が映し出される。家族の形も昔とは変わっているので、新たな関係を創り出す必要があるという暗示に思えた。

その変わり方は家族それぞれなので、自分たちで試行錯誤をしながら探さなければならない。この親父のように「言わなくても分かるだろう」ではもうもたない。家族間での最低限のコミュニケーションは必須だ。

繰り返しになるが、寿命が延びているのは定年退職者だけではなくて、配偶者をはじめ家族もそうなのである。従来よりもさらに長い時間を家族で共有するのだという認識も必要だ。

多くの定年退職者の取材を続けた加藤仁氏は、著書『定年後』の中で、「妻がもたらす情報によって、新天地を拓《ひら》く夫が数多くいる（中略）妻の情報には、企業社会で利潤や効率を追求してきた夫に、それまでの価値観を見直させる発想が込められている」と述べている。

考えてみれば、家庭以上のしっかりした居場所はどこにもないと言えるだろう。会社員が転身する時のキャリアのプロセスを聞いていると、危機に陥った時には配偶者や子どもの話が語られるのである。

NHK放送文化研究所が調査した「2015年　国民生活時間調査報告書」によると、家事をしている成人男性は1995年（平成7年）以降、平日・土曜・日曜とも増加傾向にあるが、女性に比べると、まだまだ大きなギャップがあって「急速には縮まらない家事の男女差」と整理している。

共働きの増加などを受けて、家事の協力の仕方も今後変わっていくだろう。炊事・掃除・洗濯、子育てなどを全く協力しない姿勢では、居場所の確保は難しくなりそうだ。

早期退職して起業家になった知人は、60代半ばになり仕事を縮小させて、同居している90代の母親の介護をして、母と妻の食事を毎日自分が作っている。妻はスポーツに凝っていて趣味にも忙しいそうだ。彼は自分でも料理が上手とはとても思えないが、妻はいつも「おいしい、おいしい」と言って食べてくれるのだそうだ。レシピを見ながら献立を考えるのも楽しくなってきたという。昔から彼を知っているので意外だと驚く反面、彼なりの新たな居場所を見つけたなと感じたのである。

「みんな神戸に帰ってこいや」

この原稿を書いている時の金曜日に高校時代の友人から突然電話がかかってきた。同級生が東京から出張で神戸に来ているので会わないかというお誘いだ。

午後3時の電話だったので、私であれば携帯に出るという計算だったのだろう。「行くよ。行く行く」と答えると、「阪急三宮《さんのみや》駅西口、マクドの前に17時」という指示が返ってきた。

「阪急三宮駅西口、マクドの前」の待ち合わせなど、記憶にないほど前のことだ。最近では「大阪梅田《うめだ》の紀伊国屋《きのくにや》書店前」や「丸の内丸善《まるぜん》4階の喫茶で」といったものばかりだからだ。

定年退職して無所属の時間を過ごしていると、なぜか生まれ育った神戸のことが懐かしく、かついとおしくなることがある。もちろん近くの宝塚《たからづか》市に住んでいるのだから、すぐと言えばすぐなのだが。

誘ってくれた友人J君はずっと神戸に住んで教職を引退した。東京からやってくるK君は、全国を転々として大手企業で部長まで務めた。その後は関連会社に出向し、最近は嘱託になった。

J君はかなり以前から「みんな神戸に帰ってこいや」と言い続けている。同窓生も現役の時は「アイツ何言うてるんや」「神戸に帰って俺たちはどう暮らすんだ」という受け止め方であったが、みんなが還暦を過ぎて現役から退くと、彼の発言が重みを持ち始めた。

もちろん首都圏や遠方に住んでいて、神戸に帰りたいと思っても妻や子どものこともあって簡単に動けない人が多い。しかし、会社生活に区切りがついたら生まれ育った街に帰りたい、と思っている人は少なからずいる。私自身は、京都↓大阪↓名古屋↓大阪↓東京↓大阪と、長く神戸を離れていたが、結局気分的に戻るところは神戸しかない。

施設に入った親の介護をしていた同窓生が、親が「家に帰りたい、帰りたい」と言っていたが、よく話を聞いてみると自分の家ではなく小さい頃に住んでいた実家であることに驚いた、と語っていた。

私は、阪神・淡路大震災に遭遇した40歳の時に、神戸に戻りたいと思うとともに、会社中心の働き方ではもうダメだと思った。また、40代後半に会社を休職した際には、小さい頃過ごした商店街の面白いおっちゃんたちの思い出に支えられた。定年退職して無所属の時間を過ごしていると、無性に神戸の街や友人が恋しくなった。これは本物のような気がしている。

気になって中高年以降の会社員に数多く話を聞いてみたが、40代でも「故郷に戻らなければならない」「帰りたい」と強い愛着を持っている人もいれば、割と淡々としてこだわりのない人もいる。現役を離れた人の方が地元に回帰したい気分が強いように感じた。また余談ではあるが、同じ都会でも関東圏に故郷がある人よりも関西圏に故郷がある人の方が、地元に対する回帰願望は強いように私には思えた。前者には、東京を頂点とするヒエラルキー的な序列意識がうかがえる。一方、後者は、そういったものがほとんど感じられない。東京をトップとする序列意識があれば本来の意味の地方分権は難しいと思ったものだ。

いずれにしても、生まれ育った土地というのも自分の居場所の一つとしてあり得るだろう。それではなぜ年齢を経ると、または定年退職すると、地元に回帰したくなる願望が出るのであろうか。これは次章とも関連するのでそこで述べてみたい。

第7章　「死」から逆算してみる

定年後は逆算型生き方

繰り返しになるが、14頁で、年度末に定年を迎える社員の発言によって、それまで盛り上がっていた場が一瞬静まり返った瞬間のことを思い出してほしい。「自分の親は60代後半で亡くなった。それを考えると残りはあと10年だ」と語った時だ。みんなの頭に浮かんだのは、「えっ、あと10年？　残りの人生はそんなに短いのか」という共通した思いだった。

現役の会社員が10年後に亡くなると考えたら、どのように生きたいと思うだろうか。最後まで仕事に全力を注ぐのか、それとも家族と過ごす時間を長く確保するのだろうか。

日々のビジネスの場面でも取引先の役職員の葬儀や同僚の親族のお通夜に出席すれば、いつもとは違う空間に接していることを意識する。お世話になった元上司や先輩の訃報《ふほう》に接すれば仕事の手が一瞬止まる。いろいろと思いを馳《は》せて、日々の業績や役職に執着していることでいいのか、という考えが頭をよぎることもある。誰もが人生のゴールがあることを知っているが、普段は意識の底にしまい込んでいる。

しかし訃報に接することで、それが意識に上がってくる。死という現象は、ビジネス社会が取り込むことができない対象であるからだ。死を考えることは、合理性や効率を中心にする日常に対して突破口になる可能性を秘めている。

第4章では、会社員時代および定年後のライフサイクルを見つめるなかで、世代ごとの生き方について考えてみた。多くの会社員や定年退職した人たちの話を聞いていると、一人の生涯の中には、積み立て型の時期と逆算型の時期がありそうだ。

若いうちは、社会に適応するために新しい技能を身につけ、家族を養うことを第一義にして、人生で得るものを積み重ねていく。そこでは、いくら稼ぐことができるか、自分の能力やスキルをどのくらい高めることができるかがポイントだ。他人との比較や自分が他人からどう見られるかが中心になる。また、将来の目標のために本当にやりたいことや欲しいものを我慢して頑張っている人も少なくない。積み立て型の時期だと言えるだろう。

一方、40代半ばを過ぎた頃からは、自分が死ぬことを意識し始めて、そこから逆算して考える方向に徐々に移行する。もっとも、一度に転換することはできないので、積み立て型と逆算型の生き方との矛盾を抱える時期が続く。そこでは、稼得能力やスキルの重要性は理解していても、それだけでは定年後も含めて満足して過ごしていけないと思い始めている。

還暦を区切りに行われた高校の学年同窓会では、名簿を見るとすべてのクラスに物故者の名前があった。友人が耳元でささやいてくれたので気がついた。漠然と80歳くらいまでは生きると思っていても、定年後になれば、いつ誰に何が起こっても不思議ではない。

その友人は、「高校時代に勉強ができた、スポーツができたと言っても、還暦になればみんなチョボチョボやな」と付け加えた。還暦の現在から振り返れば、学歴や会社での役職、年収もそれほど意味を持たないというニュアンスに聞こえた。私はそれらの重要性がなくなったというよりも、還暦を過ぎれば、死の側から物事を見る逆算型の生き方に転換しつつあるからだと思った。

綾小路きみまろ「笑撃ライブ」

前々から一度見たいと思っていた綾小路《あやのこうじ》きみまろ師匠の「笑撃ライブ」に行ってきた。1時間を超えるステージは、まさに「撃たれた」の一言。衣装は扇子と燕尾服《えんびふく》、舞台には花が生けられた花瓶が一つだけ。観客席は立錐《りっすい》の余地もなく、ほぼ全員が60代以上だった。

「気力のない拍手をいただき、誠にありがとうございます」から始まる内容は総合演芸と言えるものだった。漫談に加えて、落語さながらに年配の夫婦が何度も登場。「あれから40年！」というフレーズとともに、年齢を経た中高年にアルアルと思えるネタが続く。また前列に座っているお客さんの老いた顔や姿をイジり倒す。

この3つをうまく織り交ぜながらステージは展開する。1時間以上も大勢の観客を前に一人でしゃべり倒すなんて、このミックスがなければとてももたないだろう。

きみまろ師匠は、「関東の芸人は、関西ではなかなか受けない」という話をしていたが、そんな定説はどこ吹く風、ガンガン笑いを取っていた。それもそのはず、すべての話のテーマは、「歳を取ること、最後は死ぬこと」に集約されていた。焼き場で骨を拾うネタまであった。

これは関西であろうと関東であろうと、東アジアであろうと欧米であろうと共通した究極のテーマだろう。ガンになるか、脳梗塞《のうこうそく》を患うかは誰にも分からない。しかし老いることと死ぬことは、生き続けている限り誰もが絶対に抱えていかなければならない。人間の死亡率は100％であることは間違いない。

しかも死ねば、いろいろ考えている主体である自分の存在がなくなるという矛盾もあるので余計に厄介だ。私が小さい頃に寝床で一番怖かったのは「人は死ねばどうなるのだろう」

ということだった。

「芸人の明日は分からない」と師匠は言っていたが、この点を外さない限り、人気が落ちるということはあり得ない。それは師匠自身もお見通しだろう。

観客席では笑いの中で終活や介護のことなども考えさせられた。私の横にいたおばあちゃんは笑いながら泣いていた。笑うと泣くという感情は近いのだとどこかで聞いた話を思い出した。

「生が終れば死もまた終る」

多くの文芸作品を創作し、映画や演劇も手がけた寺山修司《てらやましゅうじ》氏は、「生が終って死がはじまるのではない。生が終れば死もまた終ってしまうのである」(『誰か故郷を想はざる』)との言葉を残した。会社中心の仕事が基本となって役職や肩書に拘泥していると、どうしても生きる方に執着してしまうので死生観がおろそかになってしまう。

逆算型の生き方は、老いや死を取り入れながら生をイキイキさせることにつながっている。定年退職者が語る「元気で働ける年齢を74歳までとするなら」「残りの人生が30年あるならば」は、いずれも死を意識しながらそこから逆算して自分の未来を考えている。たとえば「今日が自分の最期の日であれば」と想像して、もしやらなければ後悔することがあればすぐに手をつけておこうということになるだろう。

また、京都大学で日本人の往生観を研究しているカール・ベッカー教授の講演を聞いたことがある。功なり名を遂げた人に臨終の前に「自分の誇れるものは何か」とインタビューすると、仕事や会社のことを話す人はいないという。大半が「小学校の頃、掃除当番をきっちりやった」など、小さい頃の思い出を語るらしい。

たとえ輪廻転生《りんねてんせい》があったとしても、異なる人格で生まれてくるわけなので、やはり人はそれぞれ一回限りの人生しか生きない。その人生の終わりが近づいたとき、「もっと契約を取ればよかった」と後悔する人はいない。これらも定年後を過ごすヒントになるかもしれない。

いずれにしても、数十年間生きて、そして今死んでいかなければならないという厳粛さは、日々の自分勝手な思い込みなどから解き放たれて、本当に自分にとって大事なものに気づく機会になる。

この絶対的な死との関連において、定年後の自分の立ち位置を確定させるならば、そのアイデンティティはかなり揺るぎないものになる。定年まで勤め上げた先輩の家に行くと、死に関する書籍が本棚いっぱいにあふれ出さんばかりに並んでいて驚いた、という新聞社の社員もいた。

人生が80年になり、多くの人が、いかに生きるか、いかに死ぬかについて考えざるを得なくなった。これは大変なことである反面、自分の進む道を自分で選択できるようになったと思えば、このチャンスを活かしたいものだ。

お金だけでは解決できない

私は生命保険会社で36年間働いて定年退職した。その間に、個人保険の営業や法人相手の営業にも長年取り組んできた。特に支社長の当時は、中小企業の経営者を訪問する毎日だった。その時に感じたのは、死亡した際の保障は金銭での保険金であるが、それだけでは老いや死のリスクに対応するには十分ではないということだった。

亡くなった時にいくら支払うといった保険契約は、それ自体もちろん意味がある。残された家族に対する生活の保障は大切だ。また経営者であれば、事業の継続のためにも資金が必要になることもあるだろう。ただ、それだけでは必要十分ではない。

自分が死ぬという恐怖をどうすれば軽減できるのか、安心して最期を迎えることができる施設はどこにあるのか、理想的な死に方とはどういうものか、どうすればピンピンと健康に生きてコロリと死ぬこと（ピンピンコロリ）が可能になるのか、死ねばどうなってしまうのか、残された家族が仲よく過ごすことができるためにどうすればよいのか、などなど、いろいろなニーズや思いがあることが分かった。

私は社内の医療関係の実務責任者である課長職を務めたことがあったので、健康保険制度の補完として民間企業が果たす役割を検討するために社内プロジェクトの立ち上げを提案したことがある。この時に医療保障と一緒に、いずれ老いて亡くなるのだから老後保障や死亡保障のお金以外のサービスも一緒に検討できないかと思った。

たとえば、保険の契約者に対するオプションとして、ホスピス（終末期ケアを行う施設）でボランティアをする機会を提供して死を身近に考えてもらうサービスや、ピンピンコロリが可能かどうかを検討する研究会を立ち上げるとか、関連会社を通して自殺予防や交通事故死の減少に向けた取り組みを行う、チベットやアメリカ先住民（いわゆるインディアン）の「死」についての考え方を学ぶ、などなど、すぐに実現できなくても、そういうソフトのサービスの提供を検討する価値はあると思ったのだ。これらは定年後に抱える問題の中でお金では解決できない課題ともつながっている。

しかし途中で、このようなサービスは企業が幅広く顧客に提供できるものではないことに気づいた。一つの団体にボランティア参加して分かったのである。毎日多くの電話相談を受けながら月1回会報を発行して患者の立場に立ったセミナーを開催している医療に関わるNPOがあった。悩みを抱えた人に寄り添い、彼らの直接の声を元に発信しているので、その内容にも説得力があり、レベルの高さがうかがえた。

その団体が強調していたのは、「病院や医師が高いレベルの医療サービスを行うべきだ」という主張の前にやることがあるということだった。それは「もっと患者は賢くなりましょう」という呼びかけである。医療は「お任せ」するのが当然で受け身の患者が少なくない。しかし病気は命や人生を左右する問題であるのだから、そんな大切なことを人任せにしてはいけない。自分の問題としてしっかり向き合い、どういう医療を受けたいのかを考えることが大切だというのだ。

この話と同様、自分の老いや死に対してきちんと向き合い、主体的に考えることが第一義なのだと思い知った。企業が誰にでも与えることができるものではなかったのである。

まずは自分が真剣に考えることからしか始まらない。

「関白失脚」のその後

さだまさしさんの曲に「関白宣言」がある。ちょうど私が入社した1979年(昭和54年)に大ヒットした曲なのでよく覚えている。ご承知の方も多いことだろう。

冒頭では、おまえを嫁にもらう前に言っておきたいことがあると呼びかける。

仕事もできない男に家庭を守れるはずなどないと言い、俺より先に寝るな、飯は上手く作れ、両方の親を大事にしろ、浮気も少しは覚悟しておけなどと厳しく言い放つ。そして最後に、おまえのおかげでいい人生だったと俺は必ず言うから、そして俺の愛する女は生涯おまえ一人だけだ、と締める。

当時は、この歌詞が女性団体などから反発を受けていたが、一方で若い女性を中心に猛烈に支持する声も多かった。今だったらSNSなどで大騒ぎになっただろう。

さださんには、それから15年後に発売された「関白失脚」という歌もある。こちらでは対照的に、中高年サラリーマンの悲哀が描かれている。「関白宣言」のアンサーソングだ。

結婚する際には強気に関白宣言したものの、中高年になった男性は、妻や子どもには相手にされず、犬のポチしか話し相手がいない。右手に定期券、左手に生ゴミを持って家を出る毎日である。そこから主人公の男性は語り始める。人は自分を哀れだと言う。たしかに人生は思い通りにはならないけれど、それでも君たち家族の笑顔を守るために仕事場に行く。君たちの幸せのためなら死んでもいいと誓ったのだと。

そして最後に、「俺が死んだあと　何かちょっと困った時にでも　そっと思い出してくれたなら　きっと俺はとても幸せだよ」と、「がんばれ」というリフレインとともに歌い上げる。

さださんが、「関白宣言」でも「関白失脚」でも、歌詞の最後を死ぬ側の視点から歌い上げているのは、まさに逆算型の生き方を示唆している。そしておのおのの歌の存在感を高めている。

それでは、定年退職した会社員が「その後の関白」という歌を作るとしたら、どう語るのだろうか。「関白宣言」では、「仕事もできない男に家庭を守れるはずなどない」と言い、「関白失脚」では、「仕事もできない俺だが　精一杯がんばってんだよ」と語りかける。定年退職者は妻や家族にどう語りかければよいのだろうか。

また、2つの歌のように「おまえのおかげでいい人生だったと俺は言うから」「俺が死んだあと　何かちょっと困った時にでも　そっと思い出してくれたなら　きっと俺はとても幸せだよ」と最期に妻や子どもに言うには、どのような定年後を過ごせばよいのだろうか。

年配の人の中には、死んだ父や母が自分を見守ってくれていると思う人は少なくない。実際に私の母も介護状態の時にベッドを移動するために抱え上げられた際に「お母さん」とつぶやいた。だからお盆の時にあれだけ都会からの大移動が生じるのだろう。単なる休暇ではないと考えている。同様に、自分の死後に残る家族を見守りたいという人も少なくない。

今までは働くことによってお金や物を手に入れてきた。そして働かなくなった時に、どのように生きるか、どのように死ぬかを自ら考えることには意味がある。国の政策や知識人の話に耳を傾けるよりも大切であるように私には思えるのである。

死者を想うエネルギー

中高年にもなれば、「なんで自分だけがこうなるのか」「あのことさえなかったら」といった、どうにもならない不条理に納得いかないこともあるだろう。

私は、中高年以降に新たな働き方を見出した数多くの会社員を取材してきた。彼らの多くは、会社員人生から見れば「挫折《ざせつ》」と思えるようなことを経験して、そこからイキイキとした働き方、生き方を見出している人が多い。

具体的には、病気を経験している人が多いことに驚いた。また、リストラ、合併、左遷、思いも寄らない出向などの会社側の事情によって大きく揺れる人、子どもの不登校、家族の介護、妻の病い、家庭内暴力をきっかけに働き方を変えた人もいた。友人や家族の死、阪神・淡路大震災がきっかけとなった人も少なくないのである。

初めのうちは、いったいどうしてなのか、と何度も話を聞きながら自分に問いかけてきた。2つくらいの理由が思い当たった。

一つは、「なんで自分だけが」という経験は、孤独の中で一人考える作業を必要とする。そのプロセスが各人の個性化につながっている面がある。悩みに正面から向き合うことによって主体性が生まれるからである。「自分だけが」という切り口で行動することによって、新たな自分を発見できることがあるのだ。みんなと一緒だと思っていると、自分なりの働き方や生き方を見出すのは難しい。

もう一つは、病いを患うと、気持ちの中で「死」と直面するので、無意識のレベルに押し込んでいた死に対する恐怖心が意識レベルに上がってくる。今これを考えている自分自身の存在がなくなるというのはどういうことなのか。この、決着をつけることができない問いを抱えることが、今までの働き方、生き方を見直すことにつながる。病気以外の挫折や不遇もやはり自分の命の限界を見出す機会になっていると想定される。その体験が意識を変化させている。

１５４頁に登場した医師の日野原重明さんも美術家の篠田桃紅さんも、いずれも当時は死の病いと言われた肺病を患っていると対談で話していた。また日野原さんは、１９７０年（昭和45年）によど号ハイジャック事件に遭遇して韓国の金浦《キンポ》国際空港で解放された。この時から他人のために生きることにしたと、これも対談で語っている。

そういう意味では、新しい自分はかけ離れたところではなくて、自身の悩みや病気、挫折、不遇に向き合い、そこから立ち上がる中に存在している。これはもともと自分の中にあるものをつかみ取る作業である。頭で考えて、ボランティアをやろう、ＮＰＯに取り組もうといった、外のものを持ってくる行動とは違う。

24頁の「戦争を知らない子供たち」の項を思い出してほしい。何らかの意味で戦争を経験している定年退職者は、リスクに立ち向かう度胸や覚悟があったということだった。戦争で亡くなった肉親や仲間の分まで生きなければならないというエネルギーが彼らを突き動かしている。これも逆算型の生き方から生まれる一つの特徴だと言ってもいいだろう。私の取材で、阪神・淡路大震災の体験が転身のきっかけになった人も、自分の命の大切さを知り、無念にも生きることができなくなった人々への思いを語るケースが少なくなかった。

映画「生きる」

勤め人における逆算型の生き方を見事に描いた作品がある。

「忙しい、まったく忙しい。しかしこの男は本当は何もしていない。この椅子を守ること以外のことは」というナレーションが紹介する役所の市民課長が、机の上に山と積まれた書類に囲まれてハンコをついている。

その後、彼は胃ガンでもう長くないことを知る。自分は何のために生きてきたのかと自問し始める。30年間無欠勤だった職場を休み、夜の盛り場をさまよい、キャバレーやダンスホールにも足を踏み入れる。

ある日、元部下の若い女性がウサギのおもちゃを動かして見せて、彼に「(工場で)これを作り出してから日本中の赤ん坊と仲よしになったような気がするの。課長さんも何か作ってみたら？」と言う。彼は「もう遅い……」と答えた後に、突然「いや、遅くない。いや、無理じゃない。あそこ（役所）でもやればできる」とつぶやいて喫茶店から飛び出していく。隣で誕生パーティーをやっていた若者たちのハッピーバースデーの合唱が、彼の門出を祝うかのように流れている。

この後、市民課長は職場に復帰した。そして人が変わったように、頭の固い上司らを相手に粘り強く働きかけ、ついに住民の要望だった公園を完成させる。不衛生な水たまりなど劣悪な環境に、住民は困り切っていたのだ。

そして雪の降る夜に、その公園のブランコで「ゴンドラの唄《うた》」を歌いながら息を引き取る。黒澤明《くろさわあきら》監督の映画「生きる」の一場面である。面白いことに、転身者の取材の中で何回かこの映画の話題が出たことがある。この映画が好きで何回も見たという人もいた。公園にあるブランコを見つけると、それに揺られながら「ゴンドラの唄」（いのち短し、恋せよ、少女《おとめ》……）を口ずさむこともあったそうだ。

この市民課長は、余命わずかだと気づくことによって、初めて生きる価値、働く意味を見つけ出す。死を意識することは、自分の人生の持ち時間を把握する究極の形であることをこの映画は見事に描いている。

極端に言えば、死と向き合わないと、本当の意味での老いや死に至る準備はできないと言えるかもしれない。人生の後半戦の重要なポイントであるのは言うまでもない。

また、何かを創り出す時に重要なものは、締め切りの設定だ。締め切りがなければ原稿を仕上げることはできない、と語る作家もいる。同様に、自らの人生を創造的なものにするには、やはり人生の締め切り、最期のことを勘案しておく必要がある。

市民課長の遺影の飾られたお通夜の場面で、同僚の役人たちは、それこそ役人らしいやり取りに終始する。そこに、公園の近くに住む住民たちが感謝の気持ちを持って焼香を上げにやってくる。そして市民課長が亡くなる直前に、雪の降る中でブランコに乗る彼の姿を見たお巡《まわ》りさんが、あまりにも楽しそうに歌っていたので声をかけそびれたと語った時に、市役所の同僚たちは一様に押し黙ってしまうのだ。

最後の昼食は豚まん

還暦になった時にいろいろなことを感じた。「あの時にこうすればもっとうまくいっていたのに」と思うこともあれば、「なかなか頑張ってきたじゃないか」と自分を誉めてやりたい気持ちもあった。今でも「人生が二度あれば」と思いを馳せることもあるが、時計の針を元に戻すことはできない。オジサンから若者には絶対に戻れない。しかし過去の気分を味わうことはできる。

175頁の『同窓会』に出ると脳が活性化される」という副題の文章を書いた保坂隆氏は、同じ文章の中で、「脳の記憶の点と点を繋《つな》いで頭のなかで自分史をつくる」ことが大事だと主張する。昔の記憶を蘇らせることは「ライフレビュー」といい、認知症の治療にも使われる方法だそうだ。なぜ脳にいいのかといえば、昔好きだった曲を聴くと、急にその頃のドキドキワクワクした感情が戻ったり、ある匂《にお》いを嗅《か》いだらある瞬間を思い出すといったことがあるように、当時の感情や記憶を蘇らすことで、脳がその時の状態に戻るからだという。

私は有線放送で1970年代のヒット歌謡曲を聞きまくることがある。山口百恵《やまぐちももえ》や郷《ごう》ひろみの歌に耳を傾けていると、中学校や高校時代の思い出が鮮明に蘇ってくる。普段では決して出会えない自分がそこに現れる。面白いことに、私が過去の記憶と結びついてワクワクするのは25歳までに聞いた歌に限られている。それ以後の曲では思い出は蘇ってこない。昔見た映画やテレビ番組でも同様なことが経験できるかもしれない。

B級グルメの私は、死ぬ前の1か月間に食べる昼食をランキングしている。「最後の昼食リスト」でベスト30を決めているのである。

1位は小さい頃から食べている地元神戸の店で販売されている豚まんである。店の人には「死ぬ前にここの豚まんを食べてからあっちの世界に行くので、それまでは店を続けてもらわなければならない」と話している。私より若い3代目が継いでいるので大丈夫だろう。

ベスト30のリストを眺めていると、大半が高額のものではなくて、小さい頃や青春の思い出と結びついている。大学受験の合格発表で自分の名前がない掲示板を確認した帰り道に食べた吉野家の牛丼だったり、学生時代バイトをしていた王将の餃子《ギョーザ》だったりするのだ。

昔「ニュースステーション」という報道番組で、「最後に食べたいものは何か？」と久米《くめ》宏《ひろし》さんから聞かれて、ジャイアント馬場《ばば》さんが「おふくろのおにぎり」とはにかんで答えたのが印象に残っている。

もちろん死ぬ時だけがポイントなのではない。このリストの本当の効力は、毎日の昼食をおろそかにしない気持ちになることである。Ｊリーグなどのプロスポーツと同様、定期的にリストアップした内容を入れ替える。おいしく昼食を食べることができる年齢が75歳までだとすると、私にはもう５０００回も残っていない。１回たりともおろそかにしたくないのだ。

また、これを実現するためには死ぬまで元気で生き抜かなければならない。そして最後の昼食である豚まんを食べている時には、小学生当時の私も、震災で落ち込んでいた私も、仕事を投げ出して休職していた私も、初めて本を出版できて喜んでいた私も同席しているのである。

終活よりも予行演習

プロローグで紹介した加藤仁氏が、「50歳以上の女性なら誰でも歓迎します」という広島のコーラスグループのことを書いていた。この合唱団はメンバーが辞めないことに特徴があった。その理由を探ると、一人の先輩の死に行き当たったそうだ。彼女は一人暮らしで、生前から「私が死んだときは白装束《しろしょうぞく》ではなく、コンサート衣装を着せてね」と言っていた。また、読経《どきょう》よりも自分の好きな曲をメンバーが歌って見送ってもらいたいと、遺言のように語っていた。その通りにすると、後輩たちは「自分の時もそうして」と言うようになり、それ以後、お互いに励ましあったりして一段とコーラスグループの結束力が強まったという。

逆算型の生き方の好例と言えるだろう。最近は「終活」という言葉があるが、いろいろな準備よりも、予行演習として実際に生前葬をやってみるのがいいかもしれない。

私は50代の時にグループ保険の案内のために毎日毎日学校回りをしていた時期があった。しかし体育祭の予行演習がある日は先生方がそれにかかりっきりになるので、職員室に出入りできないことが多かった。「いきなり本番を迎えると大変なことになるので」ということが教頭先生の理由だった。

年に1回の体育祭にも予行演習があるのに、自分が死ぬ時にはなぜそういう機会がないのか。しかも死は一人孤独のなかで経験しないといけない。また、すでに経験した人の話も聞けないのだ。

生前葬は多くのことを検討しなければならない（括弧内は私の場合）。僧侶には来てもらうのかどうか（いらない）、葬儀で流す音楽をどうするのか（井上陽水《いのうえようすい》？　中島《なかじま》みゆき？　それとも70年代ヒット歌謡曲？　できれば友人に生演奏を）、出席者を想定する（多く来てもらわなくてもかまわない）、自分で弔辞を書いてみる（これは結構大変だ）、棺桶《かんおけ》に入れるもの（家族の写真と自著）、供え物（春陽軒《しゅんようけん》の豚まん）、最期の一言（直前に考える）、私の場合は本名かペンネームかのどちらでするのか、戒名はもらうのかどうかなどなどを検討しなければならない。人生前半戦の結婚式と比べるとはるかに奥深くて、予行演習は大変だ。でもこちらの方が今を生きることにつながりそうだ。

昔の人は死後についてよく研究していたのかもしれない。地獄や極楽に関する話は落語の中にも少なくない。青森県の下北《しもきた》半島の中央部にある恐山《おそれざん》に行ってみると、地蔵信仰を背景にした死者への供養の場の雰囲気を味わうことができる。そこでは地獄と極楽かと思える対照的な景色が展開する。またイタコさんという巫女《みこ》を介して死者の言葉を聞くこともできる。

「地獄や極楽は迷信だ」という人が多いかもしれない。それではあなたの死後はどうなりますかと聞かれると、答えるのは簡単ではない。結論は別として予行演習は考えていた方がいいかもしれない。

このような逆算型生き方をもう少し進めれば、生きているうちに死んで蘇ることもあり得る。もちろん本当に亡くなるわけではない。模擬の臨死体験といってもいいかもしれない。自分の一部分が死んで新たな部分が生まれるイメージだ。

たとえば、学生から社会人になることは、自分の中にある学生を殺して（表現が穏やかではないが）、会社員に生まれ変わる経験だ。私だと、会社本位のサラリーマンは死んで、「モノ書き＋《プラス》現場で働く会社員」が生まれた。定年退職すると、会社員の部分は死んだので、新たな自分（モノ書き＋α《アルファ》）の再生を目指している。このように自分の役割を変えていくことは、新たな生き甲斐を持つことにつながる。

そして、学生時代の自分、会社人間の時の自分、「モノ書き＋会社員」の自分、「モノ書き＋α」の自分、70代で地元に根を下ろした自分たちが自らの臨終の場面に立ち会って、家族と一緒に、ワイワイしゃべり合いながら最期の自分を見送る。にぎやかでいいと思うのだ。これはのちに述べる、何人もの自分が語らう「マイセルブス」（英語のmyselfの複数形）の考え方につながる。

小学校の校区を歩く

前章の180頁の「みんな神戸に帰ってこいや」では、定年退職後の中高年の中には、故郷に強い愛着を持っている人が少なくないことを述べた。やはり生まれ育った土地は自分の居場所の一つとしてあり得る。それではなぜ、地元に回帰する願望が強くなるのであろうか。それは私にとっても昔からの疑問であった。

新入社員で意に反して名古屋勤務になり、1年後に神戸市役所の採用願書を取り寄せたこともあった（応募はしなかったが）。阪神・淡路大震災の時には会社を退職して神戸に戻ろうと思った、休職した時に神戸の商店街のオモロイおっちゃんたちが記憶に現れた、定年退職して生まれ育った土地を歩くと懐かしさはもちろんだが、なぜか嬉しくなることなどである。そう考えると、いつも地元に戻りたい気持ちがあった。私の場合は地元に愛着が強いタイプなのだろう。

昨年も妹と二人で、小さい頃過ごした小学校と中学校の校区を歩き回ってみた。二人の通学路は一緒なので、そこでの記憶は合致することが多い。たとえば小学校のすぐ前にあった駄菓子屋やソロバン塾の思い出などだ。ただ、一緒に遊んだ友達が住んでいる家のある場所が異なることもあって、活動範囲や記憶は重ならないことも多い。3歳という年齢差もあるかもしれない。震災で建物が大きく変わっているので、記憶していた場所が分からないこともある。逆に家は建て替わっていても、表札を見てここが友達の家に違いないと確信する場合もある。また坂道の傾斜で当時の場所を思い出すこともある。足は覚えているのだ。

私と妹は異なる中学校に通ったので、小学校の校区に比べるとあまり記憶は重ならない。思い出をやり取りしながら歩いていると、私は映画街をよく徘徊《はいかい》していたことが分かり、妹から「遊びすぎだ」と今さらながら注意を受けた。

小学校、中学校当時の校区を歩き回っていると、何かエネルギーをもらえるというか、元気になっていく自分を確認できた。これは私だけが感じることなのだろうか。

来た道を還る

最近、芥川賞作家・津村記久子《つむらきくこ》氏の短編「給水塔と亀」を読んで、今まで考えていた私のある仮説が認められたような気がした。もちろん勝手にそう思い込んだだけではあるが。

会社を定年退職した独身の男性が、身寄りも途絶えた故郷の田舎町に戻ってくる話だ。冒頭は自分の両親が眠っている寺の前にあるうどんの製麺所《せいめんじょ》の場面から始まる。部屋の家賃が現在の半分以下で、昔住んでいた家に近かったことから引っ越してきた。

街を歩きながら、小学校がまだあることを知り、かすかに記憶のある同級生の名前を家の表札で確認する。他の人物との葛藤もなく、特産の水なすなどが淡々と主人公の心象とともに描かれる。

彼は幼い頃見上げていた給水塔をアパートのベランダから確認する。自分であああいうものを建てたいと漠然と思って建設会社に入社して定年まで勤めた。磯《いそ》の香りも子どもの頃に吸い込んでいたものと同じだと思えたという。

最後の場面で主人公はビールを飲みながら、「帰ってきた、と思う。この風景の中に。私が見ていたものの中に」と振り返る。

やはり人は生きてきた道を還《かえ》るのではないかと思ったのだ。そしてそのことが小説の主人公を支えている。津村氏へのインタビュー記事（『日本経済新聞』2016年〔平成28年〕11月27日）を読むと、孤独死した高齢男性が、父母が眠る遠い故郷の寺にお布施をしていたというドキュメンタリー番組に彼女は想を得たと書かれていた。

フランスの画家ポール・ゴーギャンは「我々はどこから来たのか　我々は何者か　我々はどこへ行くのか」という作品を描いたが、どこから来るのか、何者かは分からないが、人は来た道を還るのではないかと思うのだ。

そう考えると、昔、小学校の校庭で日が暮れるまで野球をしていると決まって5時に鳴った「夕焼《ゆうやけ》小焼《こやけ》」の歌詞を思い出す。その最後に「おててつないでみなかえろ　からすといっしょにかえりましょう」という箇所があって、昔から、この子はカラスと一緒にどこへ帰るのかが気になっていた。子どもが帰るのだったら、当然家なのだろう。しかし都会育ちの私は、カラスと一緒に自宅に帰るとは思えなかったのだ。

ある大学の高齢者向けの講座で、「自分の葬儀で流してほしい曲を1曲書いてください」という簡単なワークがあった。開票するとクラシックの曲が多かったようだが、複数の票を集めた歌は2曲あって、そのうちの1曲は童謡の「ふるさと」だった。故郷は居場所の一つだけにとどまらず、自分の還る道筋ではないかと思った次第である。たとえ都会の真ん中で育ったとしても、生まれ育った土地はやはり大切な居場所になると思われるのだ。

過去の自分、未来の自分も友達

永六輔《えいろくすけ》さんの著書『芸人』の中に「もう演じるのは疲れた」と遺書に残して自ら命を断った会社員の話がある。会社を定年まで勤め上げての死だったという。永さんは、俳優、役者や芸人、歌手が、自分以外の人生を演じて疲れて死んだという話を聞いたことはないと語り、「彼は人間を演じたのだろうか」と問いかけている。

かつての会社員のように与えられた役割をこなすだけで事が足りるという時代ではなくなった。また、長くなった寿命のもとで生きていくには、定型的な一つのモデルで生涯を設計することはもはや不可能である。一次方程式の時代ではなくなった。

定年後に一人だけでこれらに対応していくのは大変なことも事実だ。学生時代の友人、会社員当時の先輩・同僚、ともに暮らしてきた家族、たまに会う親族、地域の仲間と協力することも必要だろう。

私はそれに加えて、過去の自分、未来の自分とも肩を組みながら進むことも大切だと考えている。自分の仲間は今付き合うことができる人たちだけとは限らない。

新進気鋭の落語家である笑福亭《しょうふくてい》たまさんの噺《はなし》で「マイセルブス」という新作落語がある。20歳の誕生日を迎えたニート（今や少し古い表現かもしれない）が、自分の将来はどうなるのかと不安を抱いていると、東京の六本木《ろっぽんぎ》ヒルズに住むIT企業の社長になった30歳の自分が目の前に現れる。「大丈夫だ。俺も20歳の時に、30歳の自分から10年後のことを教えてもらった」と語り出す。その後は、ホームレスになった40歳の自分、10歳の最難関の私立中学を目指す僕や、0歳時のボクも登場する。またロックミュージシャンになった50歳の自分、イタリアのマフィアのボスになった60歳の自分、麻薬中毒患者になった70歳の自分、介護状態になった80歳の自分が次々と現れて、一堂に会してにぎやかに語り合うという噺だ。

永六輔さんが書いた会社員の話とこの「マイセルブス」の話はとても対照的である。「もう演じるのは疲れた」と遺書を残した会社員の話からは、独りぼっちの孤独感が伝わってくる。彼が演じたのは、笑い、怒り、感動するといった血の通った人間ではなくて抽象的な会社員という役割ではなかっただろうか。過去の私自身もそうだったから勝手に想像してしまうのだ。一方の「マイセルブス」は、未来の自分、過去の自分という仲間と陽気に騒いでいる。

過去と未来につながっている自分は、誰とも比較を許さない唯一無二の存在である。そこには抽象的な自分は存在しない。またそこに亡くなった自分の親や、戦争や災害で亡くなった人たち、自分の子どもや孫たちともつながるという気持ちがあれば、さらに意欲も湧いてくる。

定年後において新たな自分を発見するためには、未来の自分、過去の自分に手助けを求めることがポイントだ。連立方程式の解答には、「マイセルブス」が必要なのである。

豆剣士に救われる

61頁で「会社の同期会でイキイキした生活を送っている人は1割5分」と語ってくれた人に、「65歳を過ぎてイキイキしていると思われる同期は、具体的にはどのようなことをしているのですか?」と聞いてみた。

繰り返しになるが、自分の専門分野の内容を大学で教えている人で、2人いるそうだ。そのほかには、若い人が集まる組織で理事職を務めている人、学生時代にやっていた楽器に再び取り組んで老若男女のメンバーで定期演奏会をやっている人、定年前に退職して会社を興して今も現役の人を挙げた。そういう意味では、今でも若い人に何かを与えている人と言い換えてもよさそうだ。

私の同窓生の中には、学生時代から剣道をやっていた友人が、「最近、道場で子どもたちを教えるようになった。彼らが正座をして防具を付ける姿を見るだけでエネルギーが湧いてくる」と話していた。彼は五段を持っているが、仕事を引退してから久しぶりに始めたそうだ。

組織で働く会社員の中には、次の世代に語るべきもの、若い人に継承するものを自己確認できていない人が多い。定年退職者にとっても同様である。

会社で同期だったある定年退職者は、「年寄りとばかり付き合うのは嫌だ。面白くない」と言う。元の同僚からは「おまえには若い人に語れる力はあるのか?」と問い詰められたりしているが、彼の気持ちは分からなくはない。

私がインタビューした人の中にも、小学校の教師から若い先生を育てる教育サポーターに転じた人、50代半ばに大手電機メーカーの社員から公立高校の校長になった人、長くアナウンサーを務めた後、定年後に話し方の教室を開催して磨いたスキルを後輩に伝えている人など、次の世代につないでいこうという意欲のある人がいた。

中年期以降には、子どもを儲け、育てることに代わるものが求められている。せっかく生まれてきたのだから、充実した人生を過ごしたい思いは当然だが、もう一面では、いつ死のうとしても側に回ったにしても、次の生を生かすという実感を持つことも大切なのだ。

ある落語家が高座で「落語家の師匠は、右も左も分からない内弟子に対して、３年の間、月謝も取らずに落語の稽古をつけてくれる。おまけに食事の面倒まで見て、お小遣いをくれることもある。それでは、一人前になった弟子は、どのようにして師匠に恩返しをするのか？　それは、自分が弟子を取って同じように落語の稽古をつけることなんです。次の若い人につないでいくわけですな。親子みたいなものですわ」と話すのを聞いた時に、次の世代に継承することの大切さを改めて感じた。

これは何も大げさなことや派手なことでなくてもいい。自分が納得できるものであればそれで十分である。次の世代に何らかのものをつないでいくことは自分の存在を確認できることにつながる。

「良い顔」で死ぬために生きている

文化人類学者の原《はら》ひろ子氏が書いた『ヘヤー・インディアンとその世界』という書籍がある。カナダ北部に住むヘヤー・インディアン（彼らは「ディネ」〔流れと大地という意味〕と自称しているが、ここでは原氏の著書名にある呼称を用いる）の生活に飛び込んだ著者の迫力あるフィールドワークである。

彼女は「はじめに」の中で課題意識を明確にしている。日本人の社会生活においては、イエとか世帯とか、町内会とか、会社とか、会社内部の部・課などの組織そのものが基本単位として機能し、個人はその組織を構成する一要素として位置づけられることが多かったと指摘する。そのうえで、日本人同士が互いの多様な価値観や生活スタイルを容認し合い、異質なものとの共存の仕方を工夫することが必要ではないかと主張している。

人口密度が低く、技術水準も低く、過酷な自然環境のなかで生活している狩猟採集民であるヘヤー・インディアンは、現在の日本人とは対照的である。その彼らの集団形成の度合いや人間関係の諸相、日々の日常生活などを丁寧に紡いでいる同書は、日本の企業社会の人と人との結びつきを検討するにも貴重な資料であるので折に触れて参照してきた。

同書の「病と死」の章には、ヘヤー・インディアンが病気や死をどのように受け止めるかが書かれている。病気についても興味深い記述があるが、ここでは死について紹介してみる。

彼らは、自分にとっての「守護霊」を持っていて、いつも守護霊と交信している。そして守護霊が「生きよ」と言っている間は生への意思を捨てない。しかし守護霊が「おまえはもう死ぬぞ」と言うと、あっさりと生への執着を捨ててしまう。そのため自殺か事故死か病死であるのかの分類はそれほど重要ではなく、自殺統計を取ることは不可能だそうだ。

50歳の名ハンターであるチャーニーは発熱が何日間か続いた。白人の看護師は、すぐに治るでしょうと言っていたが、彼の守護霊が「おまえはもう死ぬぞ」と言って、親族や知人たちが知らせを聞いて駆けつけてくる。チャーニーは彼らに対して自分の思い出話を語り出して、ときおり紅茶を一口だけすすり、絶食して死を待つのである。彼は翌日の未明に息を引き取る。長命であっても病院で管をつけながら亡くなることと、どちらが尊厳のある死に方なのか考えさせられる。「寝たきり老人」という概念は、彼らには無用であろう。

そして、ヘヤー・インディアンにとって最も大事なことは、「良い死に顔」をして死ねるかどうかなのである。死に顔が関心の的になる。「良い死に顔」をして死んだ者の霊魂は、再びこの世に生まれるべく旅路につくと考えられているからだという。

もちろん現在の日本人がそのまま同じようなことはできない。ただ、本の中に登場する白人は彼らを未開の人たちだと決めつけている場面があるが、それは人生を生きる側からしか見ていないからだ。日本人の場合は死ぬ側から見る考え方も理解できるので、原氏のように両方の立場が分かるのであろう。逆算型の生き方もまた、死の側から見る視点である。

たまたま私は昔から「いい顔」に対して興味を持っていたので、そういう面でもこの本に関心をひかれた。勤めていた会社で採用の責任者だった時も、学生さんの「いい顔」が基準だった。転身した人に対する取材も「いい顔」の人を条件にした。

人は発言では美辞麗句を並べることはできても、顔つきだけはごまかせない。内面の状況を一番表すのは顔つきであると思っている。

仕事で言えば、「いい顔」をしている人から、より多くのことを学ぶことができる。それはその人が個性にあった働き方をしている可能性が高いからだ。自分の内面的な価値観にあった行動をしているから「いい顔」になっている。

自分にとって本当に大事なものや、自分が果たすべき役割に気づいた人は、優しい眼差《まなざ》しを持った穏やかな表情になる。映画「生きる」の主人公の市民課長はブランコに乗りながら楽しそうな顔で最期を迎えたのである。

定年後の目標はやはり「いい顔」で過ごすことだろう。そうすれば息を引き取る時もいい顔であるに違いない。逆に言えば、定年後は「いい顔」になることに取り組んでみればいいわけだ。

あとがき

この本の原稿を仕上げるために年末年始は取材と執筆に追われた。その時にもテレビで「ローカル路線バス乗り継ぎの旅」（テレビ東京系列）だけは2時間半の間ずっと見ていた。

かつてのアイドル歌手太川陽介《たがわようすけ》さんをリーダーにして、漫画家の蛭子能収《えびすよしかず》さんと毎回異なる女性ゲスト1人を加えた3人が、路線バスだけを乗り継いで目的地への到達を目指す。

普通の旅番組とは違って、この旅には3つのルールがある。

（ルール1）移動は原則としてローカル路線バスのみを使用。高速バス、タクシー、鉄道、飛行機など、他の交通機関の利用は禁止！

（ルール2）目的地へ向かうルートは自分たちで決める。情報収集でインターネットを利用することは禁止！　紙の地図や時刻表、案内所や地元の人からの情報のみ使用ＯＫ。

（ルール3）3泊4日で指定の目的地にゴールすること。旅はすべてガチンコで店などの撮影交渉も自分たちで行う。

リーダーシップと計画性があって細やかな気遣いのある太川さん、常識にとらわれずマイペースに徹する蛭子さんの対照的なコンビと女性ゲストが、時間に追われながら地図や時刻表と格闘してその場その場で行路を選択しながら目的地に向かう。宿泊場所も自分たちで探す。路線バスがつながっていない時には、次のバス停まで雨や炎天下の中を数キロ歩くこともある。

原稿を書くため、定年後にイキイキと過ごしている人たちの共通項は何かと、ノートに一人一人を書き出して眺めていた時に、はたと気がついた。彼らは、このローカル路線バスの旅をしているのではないかと思ったのだ。

つまり目的地へ向かうコースを自ら選択して、周囲の人の助けを借りながら進む。高速バスやタクシー、鉄道に乗るのとは違って、自分が進む道筋を自分で切り開いている。決して他人任せにしていないのである。

会社で働いていたときはツアー旅行やパック旅行だったと言えるかもしれない。目的地に行くのに会社がある程度お膳立《ぜんだ》てをしてくれる。もちろん社員の自由度がないわけではないが、基本は自己主張せずに仲間に合わせている。また、そういう主体的な姿勢を切り捨てることが社内での昇進や昇格に結びついている面もある。

ローカル路線バスの旅では何が起こるか予想がつかないので、ハプニングに遭遇したり、ルート選択を誤って後戻りしたりすることもある。しかし定年後になっても平穏で波風が立たないパック旅行ばかり求めていては、何のために生きているのか分からなくなる。せっかく生まれてきたのだから、人生で一度くらい「俺はこれをやった」と言えるものに取り組んでみたいものだ。

この番組を見ていると、まるで3人と一緒に旅をしているかのような気持ちになるのは、自分の中に主体的に行動したいという願望があるからだろう。好調な視聴率を続けているのもうなずける。

人生には、自分で自分のことを簡単にはコントロールできない時期と、自ら裁量を発揮できる時期がある。そういう意味では、定年までの会社生活はリハーサルで、定年後からが本番だと考えていいのではないか。話を聞いた人たちの顔を思い浮かべるとそう思うのである。

本文では、「隠居は自由意思に基づいた主体的な選択であるのに対して、定年は本人の意思にかかわらず引退する意味合いが強い」と書いた。定年ではなく隠居を目指したいものだ。就業規則にも「定年」の文言に並べて「隠居」を盛り込んでもいいかもしれない。会社は判定委員会を設置して、60歳になった社員から今後の話を聞いて、「定年」か「隠居」かをジャッジする。

そして「隠居」と判定されれば、会社は社員に金一封を渡せばいいだろう。なぜなら、そういう社員は会社により多く貢献してきているはずだからだ。それに加えて、社員はローカル路線バスのチケットも手に入れることができるのである。

本書を執筆するに際して、数多くの定年退職者、現役の会社員、地域で活動しているみなさんから、ご意見・ご感想をいただき、自らの体験を語っていただいた。また私の会社員当時の先輩、同僚および学生時代の友人にも大いに助けられた。この場をもって御礼申し上げたい。また、今回も的確な助言をいただいた中公新書編集部の並木光晴さんに深く感謝する次第である。

楠木　新

2017年2月

参考文献

■プロローグ　人生は後半戦が勝負

加藤仁『定年後を生きる』（産経新聞ニュースサービス、１９９９年）
加藤仁『定年百景』（文藝春秋、１９９３年）
加藤仁『定年前後の「実人生」発掘』（文藝春秋、１９９８年）
加藤仁『50歳からの人生を楽しむ法』（講談社、１９９７年）

■第1章　全員が合格点

清家篤『定年破壊』（講談社、２０００年）
加藤秀俊『隠居学』（講談社、２００５年）
加藤秀俊『続・隠居学』（講談社、２００７年）
関沢まゆみ『隠居と定年』（臨川書店、臨川選書、２００３年）
加藤仁『定年後』（岩波書店、岩波新書、２００７年）
加藤仁『たった一人の再挑戦』（読売新聞社、２００３年）
岸本裕紀子『定年女子』（集英社、２０１５年）

重松清『定年ゴジラ』（講談社、講談社文庫、２００１年）
渡辺淳一『孤舟』（集英社、集英社文庫、２０１３年）
内館牧子『終わった人』（講談社、２０１５年）
ＮＨＫスペシャル取材班『老後破産』（新潮社、２０１５年）

■第3章　亭主元気で留守がいい
奥田祥子『男という名の絶望』（幻冬舎、幻冬舎新書、２０１６年）
水無田気流『「居場所」のない男、「時間」がない女』（日本経済新聞出版社、２０１５年）
川人博『過労自殺』（岩波書店、岩波新書、１９９８年）
伊井直行『会社員とは何者か？』（講談社、２０１２年）
重松清『定年ゴジラ』（前掲）
渡辺淳一『孤舟』（前掲）
吉武輝子『夫と妻の定年人生学』（集英社、集英社文庫、２００５年）
佐高信、吉武輝子『定年後の人生』（岩波書店、岩波ブックレット、１９９７年）

■第4章　「黄金の15年」を輝かせるために
デズモンド・モリス（日高敏隆訳）『年齢の本』（平凡社、１９８５年）
秋山弘子「長寿時代の科学と社会の構想」（『科学』２０１０年１月号）
城山三郎『部長の大晩年』（新潮社、新潮文庫、２００４年）

モーニング編集部、朝日新聞社編『40歳の教科書NEXT』（講談社、2011年）

■第5章　社会とどうつながるか
布施克彦『54歳引退論』（筑摩書房、ちくま新書、2003年）
瀬川正仁『六〇歳から始める小さな仕事』（バジリコ、2011年）

■第6章　居場所を探す
保坂隆『定年から元気になる「老後の暮らし方」』（PHP研究所、PHP文庫、2014年）

■第7章　「死」から逆算してみる
寺山修司『誰か故郷を想はざる』（角川書店、角川文庫、2005年）
津村記久子「給水塔と亀」（『浮遊霊ブラジル』文藝春秋、2016年）
永六輔『芸人』（岩波書店、岩波新書、1997年）
原ひろ子『ヘヤー・インディアンとその世界』（平凡社、1989年）

楠木 新（くすのき・あらた）

1954年（昭和29年），神戸市に生まれる．京都大学法学部卒業．大手生命保険会社に入社し，人事・労務関係を中心に，経営企画，支社長等を経験．勤務と並行して，大阪府立大学大学院でMBAを取得．関西大学商学部非常勤講師を務め，「働く意味」をテーマに取材・執筆・講演に取り組む．2015年，定年退職．現在，楠木ライフ&キャリア研究所代表，神戸松蔭女子学院大学非常勤講師．
著書に『会社が嫌いになったら読む本』『人事部は見ている。』『サラリーマンは、二度会社を辞める。』『知らないと危ない、会社の裏ルール』『経理部は見ている。』（以上，日経プレミアシリーズ），『就活の勘違い』『「こころの定年」を乗り越えろ』（以上，朝日新書），『働かないオジサンの給料はなぜ高いのか』（新潮新書），『左遷論』（中公新書）ほか．

定年後《ていねんご》
中公新書 2431

2017年 4 月25日初版
2017年11月20日18版

著　者　楠木　新
発行者　大橋善光

本文印刷　暁　印　刷
カバー印刷　大熊整美堂
製　　本　小泉製本

発行所　中央公論新社
〒100-8152
東京都千代田区大手町1-7-1
電話　販売 03-5299-1730
　　　編集 03-5299-1830
URL http://www.chuko.co.jp/

Published by CHUOKORON-SHINSHA, INC.
Printed in Japan　ISBN978-4-12-102431-2 C1236

中公新書刊行のことば

いまからちょうど五世紀まえ、グーテンベルクが近代印刷術を発明したとき、書物の大量生産は潜在的可能性を獲得し、いまからちょうど一世紀まえ、世界のおもな文明国で義務教育制度が採用されたとき、書物の大量需要の潜在性が形成された。この二つの潜在性がはげしく現実化したのが現代である。

いまや、書物によって視野を拡大し、変りゆく世界に豊かに対応しようとする強い要求を私たちは抑えることができない。この要求にこたえる義務を、今日の書物は背負っている。だが、その義務は、たんに専門的知識の通俗化をはかることによって果たされるものでもなく、通俗的好奇心にうったえて、いたずらに発行部数の巨大さを誇ることによって果たされるものでもない。現代を真摯に生きようとする読者に、真に知るに価いする知識だけを選びだして提供すること、これが中公新書の最大の目標である。

私たちは、知識として錯覚しているものによってしばしば動かされ、裏切られる。私たちは、作為によってあたえられた知識のうえに生きることがあまりに多く、ゆるぎない事実を通して思索することがあまりにすくない。中公新書が、その一貫した特色として自らに課すものは、この事実のみの持つ無条件の説得力を発揮させることである。現代にあらたな意味を投げかけるべく待機している過去の歴史的事実もまた、中公新書によって数多く発掘されるであろう。

中公新書は、現代を自らの眼で見つめようとする、逞しい知的な読者の活力となることを欲している。

一九六二年一一月

中公新書

日本史

d3

2380 ペリー来航　西川武臣
1621 吉田松陰　田中　彰
2291 吉田松陰とその家族　一坂太郎
2047 オランダ風説書　松方冬子
2297 勝海舟と幕末外交　上垣外憲一
1840 長州戦争　野口武彦
1666 長州奇兵隊　一坂太郎
1619 幕末の会津藩　星　亮一
1958 幕末維新と佐賀藩　毛利敏彦
1754 幕末歴史散歩　東京篇　一坂太郎
1811 幕末歴史散歩　京阪神篇　一坂太郎
2268 幕末維新の城　一坂太郎
60 高杉晋作　奈良本辰也
69 坂本龍馬　池田敬正
1773 新選組　大石　学

2040 鳥羽伏見の戦い　野口武彦
455 戊辰戦争　佐々木　克
1554 脱藩大名の戊辰戦争　中村彰彦
2256 ある幕臣の戊辰戦争　中村彰彦
1235 奥羽越列藩同盟　星　亮一
1728 会津落城　星　亮一
1033 王政復古　井上　勲

中公新書

日本史

中公新書

現代史

中公新書

現代史

f2

中公新書

経済・経営

中公新書

経済・経営

g2

中公新書

教育・家庭

m1

地域・文化・紀行

t2